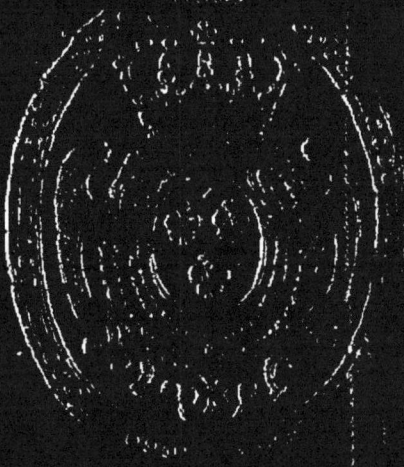

ESSAIS

SUR

LE COMMERCE, &c.

ET

LETTRE

D'UN NÉGOCIANT DE LONDRES,

A UN DE SES AMIS.

ESSAIS

SUR

LE COMMERCE; LE LUXE;

L'ARGENT; L'INTÉRÊT DE L'ARGENT;
LES IMPOTS; LE CRÉDIT PUBLIC,
ET LA BALANCE DU COMMERCE;

Par M. DAVID HUME.

TRADUCTION NOUVELLE,
avec des Réflexions du Traducteur.

ET

LETTRE

D'UN NÉGOCIANT DE LONDRES,

A UN DE SES AMIS;

CONTENANT *des Réflexions fur les Impôts*
auxquels font affujetties les denrées de premiere
néceffité, & fur la conféquence dont ils peuvent
être relativement à la main-d'œuvre dans les
Manufactures d'Angleterre.

TRADUITE SUR LA SECONDE ÉDITION,
imprimée à Londres en 176

Chez SAILLANT, Libraire, rue S. Jean-de-Beauvais.
A LYON,
Chez AIMÉ DELAROCHE, aux Halles de la Grenette.

M. DCC. LXVII.
Avec Approbation, & Privilége du Roi.

ESSAI
SUR
LE COMMERCE.

LES Hommes me paroiſſent partagés en deux claſſes différentes. Les uns, faute de réflexions, ne parviennent jamais juſqu'à la vérité ; & les autres, en réfléchiſſant trop, la laiſſent derriere eux, & vont beaucoup au-delà. La derniere claſſe, ſans comparaiſon moins nombreuſe que la premiere, eſt également utile & précieuſe à la ſociété ; elle eſt redevable à ceux qui la compoſent, des nouvelles idées qu'ils font naître. Quoique ſouvent hors d'état de réſoudre les difficultés qu'ils élevent, ils fourniſſent aux perſonnes d'un eſprit juſte de nouvelles idées, & donnent lieu à des découvertes utiles. S'il en coûte quelque peine pour entendre & concevoir leurs penfées, & fi leurs difcours & leurs écrits préfentent des objets & des vues extraordinaires & hors de la route commune, on en eft dédommagé par le plaifir de la nouveauté. On fait, en effet, peu de cas d'un Auteur dont les écrits font la répétition de ce qu'on entend dans les cafés & les converfations ordinaires.

La plupart des hommes incapables de réflexions profondes, font portés naturellement à décrier ces hommes rares, qui joignent la folidité du jugement à l'étendue de l'efprit; ils les regardent comme des Métaphyficiens inintelligibles, toujours occupés de fyftêmes & d'idées abftraites; & ils croient de bonne foi que la vérité eft renfermée dans le cercle étroit de leurs foibles conceptions. Je conviens qu'il eft certains cas où le raifonnement ne doit être appuyé que fur ce qui eft fimple & à la portée de tout le monde, & qu'une trop grande fubtilité peut faire douter de fa juftefle. Tout homme qui délibere fur la conduite qu'il doit tenir dans une affaire, ou qui fe trace à lui-même un plan de politique, de commerce, ou d'économie, doit mettre des bornes à fes fpéculations, & s'abftenir de lier enfemble une trop longue chaîne de conféquences; une circonftance imprévue dérangera certainement une partie de fes projets, & produira un événement auquel

il ne s'attendoit pas ; mais quand nous
diſcutons un objet en général , nos ſpéculations ne peuvent être trop étendues.
L'homme de génie & l'homme médiocre
ne ſont réellement diſtingués l'un de l'autre,
que par la profondeur plus ou moins grande
des principes qui ſervent de baſe à leurs
raiſonnements ; ils ne paroiſſent obſcurs
dans l'homme de génie , que parce qu'ils
embraſſent & s'étendent à la généralité de
la matiere dont on eſt occupé. Il n'eſt pas
facile , en effet, au commun des hommes,
d'appercevoir dans les matieres de diſpute
& de controverſe , le point fixe dont tout
le monde doit être d'accord , de le ſéparer
de ce qui l'environne , & de le préſenter
pur & ſans mélange. Chaque principe &
chaque conſéquence ſe particulariſe pour
eux ; ils ne peuvent étendre leur vue juſqu'à
ces propoſitions univerſelles , qui compren-
nent un nombre infini de propoſitions particulieres, & renferment la ſcience entiere
dans un ſimple théorême. Leurs yeux ſont
éblouis de l'eſpace immenſe qui leur eſt
préſenté ; ils perdent le principe de vue, &
quelque claires qu'en ſoient les conſé-
quences, elles leur paroiſſent obſcures &
embarraſſées ; mais il n'en eſt pas moins
certain que la meilleure maniere de raiſon-
ner, eſt d'établir des principes généraux,
quoiqu'ils puiſſent être ſans application
dans quelques cas particuliers. C'eſt la

A iij

méthode qu'emploient les Philofophes dans les Traités de morale, les Politiques doivent en faire également ufage, & plus particuliérement encore lorfqu'ils font occupés du gouvernement intérieur de l'Etat, dont le bonheur, qui eft, ou qui doit être leur principal objet, confifte dans la réunion d'une multitude de circonftances, toutes dépendantes du Légiflateur, au lieu que les affaires extérieures de ce même Etat font fubordonnées au hafard, aux accidents & même au caprice de quelques perfonnes.

Ces réflexions préliminaires m'ont paru néceffaires, avant de mettre fous les yeux du Lecteur les effais que je lui préfente, concernant *le Commerce*, *le Luxe*, *l'Argent*, *l'Intérêt de l'Argent*, *&c.* parce qu'il y trouvera peut-être quelques principes finguliers, & qui pourront lui paroître trop recherchés & trop fubtils. Si ces principes font faux on doit les rejetter ; mais il feroit imprudent de fe prévenir contre eux, par la feule raifon qu'ils font hors de la route commune.

Quoique la puiffance d'un Etat & le bonheur des fujets puiffent être, à quelques égards, regardés comme indépendants l'un de l'autre, on convient cependant communément qu'ils font inféparables, par rapport au commerce, & comme la puiffance de l'Etat affure aux particuliers la jouiffance paifible de leur commerce & de leurs richeſſes ; de même l'Etat devient puiſſant dans la proportion des richeſſes & de l'étendue du commerce des ſujets. Cette maxime, vraie en elle-même, me paroît cependant ſuſceptible de quelques exceptions, & ne devoir être établie qu'avec quelque réſerve. Il peut arriver en effet des circonſtances où le commerce, les richeſſes & le luxe des ſujets, bien-loin d'augmenter la puiſſance d'un Etat, ne ſervent au contraire qu'à affoiblir ſes armées, & à diminuer ſon influence & ſa conſidération chez les Nations voiſines. L'homme eſt un être changeant par ſa nature, & ſuſceptible de la plus grande diverſité d'opinions, de principes, & de regles de conduite. Ce qui peut être vrai dans un temps & dans certaines circonſtances, ceſſera de l'être, lorſqu'il ſera ſurvenu du changement dans les mœurs & dans les façons de penſer.

Ce qui conſtitue le peuple de chaque nation, ſe partage en Laboureurs & en Manufacturiers : les premiers ſont employés à la culture de la terre ; les derniers donnent à ſes productions la forme néceſſaire pour la ſubſiſtance, les vêtements & les commodités des hommes. Les Sauvages ne vivent que de chaſſe ou de pêche, mais auſſi-tôt qu'ils ſe civiliſent, ils deviennent Laboureurs & Manufacturiers. Et quoique dans les premiers ſiecles où les nations ſe

A iv

8   E s s a i

civilisent, la partie la plus nombreuse de
la société soit employée à la culture de la
terre (*), le temps & l'expérience perfectionnent l'agriculture , au point que les
productions de la terre peuvent être assez
abondantes pour nourrir un plus grand
nombre d'hommes qu'il n'y en a d'employés à sa culture , & aux manufactures
d'absolue nécessité.

Si les bras inutiles à la culture des terres
& aux manufactures d'absolue nécessité sont
employés aux arts qu'on appelle de Luxe ,
leur travail augmente le bonheur de l'Etat,
parce qu'on est redevable à leur industrie des
nouvelles commodités , & des recherches
également utiles & agréables , dont on
auroit été entiérement privé , s'ils n'avoient
eu d'autre occupation que la culture de la
terre ; mais n'y a-t-il pas d'autre moyen
d'employer ces bras superflus? Le Souverain
n'est-t-il pas le maître de les prendre à son
service , & de les enrôler dans ses flottes
& dans ses armées, pour faire des conquêtes
& se rendre redoutable aux nations les plus

(*) M. Melon , dans son
*Essai politique sur le Com-
merce* , assure que des 20
millions d'habitants dont la
France est peuplée, il y en
a 16 de Laboureurs & de
Paysans ; 2 d'Artisans , 1
d'Ecclésiastiques , de Militaires, & de Gens de Loi, &
1 de Marchands, de Finan-
ciers, & de Bourgeois. Ce
calcul est évidemment faux ;
en France , en Angleterre &
dans la plus grande partie des
Etats de l'Europe, la moitié
du peuple vit dans les villes,
& il s'en faut beaucoup que
tous les habitants de la campagne soient cultivateurs. Les
Artisans en forment peut-
être plus du tiers.

éloignées ? Il est certain que les Manufacturiers de marchandises de luxe sont dans
la dépendance des Propriétaires des terres,
& des Cultivateurs, dont les besoins & les
desirs décident de leur occupation. Ils
sont absolument inutiles dans les pays où
le luxe est inconnu ; les productions de la
terre qui pouvoient être employées à leur
subsistance y servent à entretenir des flottes
& des armées, qui peuvent être maintenues
sur un pied bien plus considérable, que
dans les pays où le luxe des particuliers
exige un grand nombre d'arts. Il semble
donc qu'il existe une espece d'opposition
entre la puissance des Etats, & le bonheur
des Sujets. La puissance d'un Etat n'est
jamais plus grande que lorsque tous les
bras inutiles sont employés au service public. Les sujets, au contraire, ne peuvent
se procurer des commodités & des plaisirs
que lorsque ces mêmes bras inutiles sont
employés à leur service particulier ; ils ne
peuvent être contents qu'aux dépens de
l'Etat, & par la même raison que l'ambition du Souverain diminue le luxe des
sujets, le luxe des sujets doit diminuer la
force & arrêter l'ambition du Souverain.

Il s'en faut beaucoup que ce raisonnement puisse être mis au rang des idées
chimériques & hors de toute vraisemblance ;
il est au contraire fondé sur l'histoire & sur
l'expérience. La République de Sparte a

été l'Etat du monde connu le plus puiffant,
par proportion au petit nombre de fes fujets;
& elle n'étoit puiffante que parce que le
commerce & le luxe en étoient entiérement
bannis. Les Ilotes cultivoient la terre, &
eux feuls exerçoient les arts méchaniques,
tandis que les Spartiates étoient tous fol-
dats. Il eft évident que les Ilotes n'auroient
pu fournir la fubfiftance & les manufactures
de néceffité abfolue, à un fi grand nombre
de Spartiates, dans des temps de luxe & de
délicateffe, qui exigent le travail de beaucoup de Négociants & de Manufacturiers.
La République Romaine préfente la même
obfervation. Nous favons par les Hiftoriens
que les plus petites Républiques de l'antiquité levoient & entretenoient fur pied des
armées plus nombreufes que ne le pourroient
faire préfentement des Etats trois fois plus
peuplés. Les Soldats ne font pas actuellement
la centieme partie des habitants de l'Europe,
tandis que dans les premiers temps de la République Romaine, la feule ville de Rome
& fon petit territoire, étoit en état de lever
& d'entretenir dix Légions, dans la guerre
contre les Latins. La République d'Athenes,
dont tout le territoire n'étoit pas plus étendu que la Province d'Yorkshire, envoya
dans l'expédition de Sicile près de quarante
mille hommes. On affure que Denis-l'Ancien, dont les Etats ne comprenoient que
la ville de Syracufe, environ le tiers de

l'ifle de Sicile, & quelques ports de mer fur les côtes de l'Italie & de l'Illyrie, eut toujours fur pied une armée de cent mille hommes d'infanterie, & de dix mille de cavalerie; indépendamment de quatre cents vaifleaux toujours équipés. Le pillage étoit à la vérité la principale reffource pour la fubfiftance des armées de l'antiquité en temps de guerre; mais l'ennemi pilloit à fon tour, & il ne pouvoit y avoir de façon plus ruineufe de lever des impots fur les peuples. Le commerce & le luxe répandus dans toutes les nations de l'Europe, font donc la caufe la plus apparente de leur foiblefle, lorfqu'on les compare avec les peuples de l'antiquité. Les mœurs & la maniere de vivre des peuples anciens, exigeant un petit nombre d'ouvriers, plus de Soldats pouvoient vivre des productions de la terre. Tite-Live rapporte que de fon temps, la République Romaine pouvoit avec peine lever autant de Soldats qu'elle en avoit employés contre les Gaulois & les Latins. Les Tailleurs, les Cuifiniers, les Peintres, les Muficiens & les Comédiens remplaçoient fous Augufte, ces Soldats qui combattoient pour la liberté & pour l'Empire, du temps de Camille; & il eft évident que fi l'Italie étoit également cultivée dans ces deux époques, le nombre des habitants n'en étoit pas augmenté, parce que les ouvriers de luxe, exiftant du temps d'Augufte, ne contribuoient en rien à la production des néceffités de la vie.

Ces obfervations conduifent naturellement à demander, s'il eft poffible que les Souverains, confultant plutôt leur intérêt perfonnel que celui de leurs Sujets, repreñnent les anciennes maximes de gouvernement. J'avoue qu'une pareille révolution me paroît, à tous égards, impoffible, & j'en donne pour raifon que le Gouvernement étoit chez les nations de l'antiquité, violent & contraire au cours naturel des chofes. Perfonne n'ignore l'auftérité des loix de Lacédémone, & quiconque a réfléchi fur la nature humaine, & fur ce qui s'eft paffé chez tous les peuples & dans tous les fiecles, regarde cette République comme un prodige ; & fon gouvernement feroit regardé comme une rêverie & une fiction impraticable dans l'exécution, s'il n'étoit attefté par l'accord unanime de tous les Hiftoriens, & par les détails qu'ils nous en ont tranfmis. Quoique les Romains & les autres anciennes Républiques fuffent gouvernées par des loix moins contraires à la nature, leurs fujets ne fe feroient pas foumis à la rigueur des loix qui leur étoient impofées, fans un concours très-fingulier de circonftances. Les hommes vivoient pour lors dans des Etats libres d'un territoire peu étendu ; & comme le génie du fiecle étoit entiérement militaire, les peuples étoient

dans une guerre continuelle les uns contre
les autres. La liberté engendre naturellement l'amour de la patrie, principalement
dans les petits Etats, & cet amour de la
patrie devient encore plus vif, lorsque le
public est dans de continuelles alarmes, &
que tous les sujets sont obligés à chaque
instant de s'exposer aux plus grands dangers
pour la défense commune ; la continuité de
la guerre fait de tous les citoyens autant
de soldats ; personne ne s'exempte du service
militaire, chacun le remplit à ses dépens,
& quoique ce service personnel soit plus à
charge que l'impôt le plus onéreux, il devient supportable à un peuple qui n'a d'occupation que la guerre, qui ne prend les
armes que par des motifs d'honneur & de
vengeance, que le plaisir n'a pas amolli,
& qui n'exerce aucune profession dont
l'exercice journalier lui procure un gain
certain. Je pourrois ajouter encore, en
faveur de mon sentiment, la grande égalité
de fortune des habitants des anciennes
Républiques, où chaque citoyen possédoit
sa piece de terre, & en tiroit la quantité
de productions suffisante pour sa subsistance
& celle de sa famille ; ce qui rendoit la
population de l'Etat extrêmement nombreuse, quoiqu'il n'y eût ni commerce ni
manufactures.

Mais quoique le défaut de commerce &
de manufactures puisse dans quelques cas

particuliers augmenter la puissance d'un peuple libre & guerrier, il est cependant certain que dans le cours ordinaire des choses, il en doit être autrement. Les Souverains sont contraints de gouverner les peuples dans l'Etat où ils les trouvent, & leur autorité, quelque grande qu'on la suppose, ne peut jamais l'être assez pour en changer entiérement les principes, les mœurs, & la façon de penser & leur en substituer d'autres. Les grandes révolutions qui changent les mœurs des nations, & leur donnent ces caracteres marqués qui les distinguent les unes des autres, sont l'ouvrage d'une longue suite d'années, & de la réunion d'un grand nombre d'événements & de circonstances; & les difficultés même s'a g-mentent, à mesure que le Législateur cherche à établir des principes contraires à ceux de la nature & au vœu commun de la société. La prudence du Souverain exige de lui qu'il se plie au génie du peuple dont il a le gouvernement; il ne peut que chercher à le rectifier, en lui proposant des objets de réforme convenables aux temps & aux circonstances. Dans l'état présent des choses, l'industrie, les arts & le commerce augmentent le pouvoir du Souverain, en même temps que le bonheur des sujets; & ce seroit une violence tyrannique de la part du Gouvernement que de chercher à accroître la puissance publique, en diminuant l'aisance

& les richesses des sujets. Quelques réflexions sur la barbarie & l'oisiveté, & sur les
conséquences nécessaires qui en sont la
suite, prouveront la vérité de cette proposition.

Dans tous les pays où les manufactures
& les arts méchaniques ne sont pas dans
un état florissant, le plus grand nombre
des sujets doit être employé aux travaux
de l'agriculture ; mais si les cultivateurs
deviennent plus adroits & plus industrieux,
ils sont dès-lors en état de tirer de la terre
bien plus de productions que n'en exige
leur subsistance. Ce superflu est cependant
perdu pour eux, puisqu'ils n'ont pas la facilité de l'échanger contre ce qui pourroit
servir à leur procurer les agréments de la
vie, satisfaire leurs plaisirs & contenter leur
vanité. Ce superflu ne pouvant que leur
être à charge, ils doivent cesser de demander
à la terre des productions inutiles. L'indolence devient alors générale dans la nation,
beaucoup de terres restent incultes, celles
qui sont en culture deviennent moins fé-
condes par la négligence des cultivateurs;
& si des circonstances malheureuses exigent
qu'une grande partie du peuple soit employée au service public, le travail de la
Nation ne fournit aucun superflu qu'on
puisse destiner à leur subsistance, parce que
l'habileté & l'industrie des Laboureurs ne
peuvent augmenter subitement. Il est néces-

faire que quelques années s'écoulent avant que les terres soient remises en valeur. Les armées cependant ne peuvent rester dans l'inaction ; ou elles feront des conquêtes, ou elles se débanderont faute de subsistance, & les soldats mal disciplinés & aussi mal instruits dans l'art militaire, que les laboureurs & les manufacturiers dans les arts méchaniques, feront dans l'impuissance d'attaquer & de se défendre avec succès.

Les hommes ne peuvent acquérir que par le travail, & s'ils étoient sans passions, ils resteroient dans l'oisiveté. Lorsque les manufactures & les arts méchaniques font florissants dans une nation, les propriétaires des terres & les fermiers étudient l'art de la culture, cherchent à y faire des progrès, & redoublent d'industrie & d'attention. Ce que la terre produit au-delà de ce qui est nécessaire à la subsistance des cultivateurs, n'est pas perdu pour eux ; ils s'en servent, au contraire, pour se procurer chez les manufacturiers les marchandises que le luxe leur fait desirer. La terre fournit par ce moyen beaucoup plus de denrées que n'en exige la subsistance de ceux qui la cultivent. Dans les temps de paix & de tranquillité ce superflu de denrées sert à payer les manufacturiers & ceux qui exercent les arts libéraux ; mais dans les temps de guerre & de troubles, lorsque le bien public exige que les ouvriers des manufactures

manufactures prennent les armes pour la
défense commune, ce même superflu est
employé à leur subsistance, & c'est ce qu'on
peut observer dans tous les Gouvernements
policés. Qu'arrive-t-il, en effet, lorsque
le Souverain entreprend une guerre & leve
des troupes, il impose une taxe sur ses
sujets. Cette taxe les oblige de diminuer
leur dépense, & de se refuser quelques-
unes des superfluités dont chacun selon son
état pouvoit jouir auparavant. Les ouvriers
occupés jusqu'alors à la fabrique de ces
superfluités, se trouvant sans occupation,
sont contraints de prendre parti dans les
troupes, ou de se livrer à la culture de
la terre; ces derniers augmentant le nombre
des cultivateurs en forcent quelques-uns à
s'enrôler, parce que leur nombre est su-
périeur au besoin qu'on en a. Le commerce considéré en lui-même, & abstrac-
tion faite de toutes ses dépendances, ne
peut donc augmenter la puissance d'un
Etat, qu'en ce que les manufactures, qui
sont le fondement de tout le commerce,
amassent perpétuellement un fond de travail d'une espece particuliere que le public
peut revendiquer toutes les fois qu'il en a
besoin, sans priver aucun de ses sujets
des nécessités de la vie. Toute Nation
dont le travail s'exerce sur un grand nombre
d'objets superflus & inutiles pour la simple
subsistance, est donc très-puissante par

B

elle - même, puisque les sujets employés
à ces sortes de manufactures, peuvent en
être distraits sans inconvénient, & être
enrôlés pour le service public ; il peut
exister le même nombre de bras dans un
Etat sans manufactures ; mais il n'y aura
jamais la même quantité de travail, toute
l'industrie y sera exercée sur les objets de
pure nécessité, dont le nombre est toujours
le même, ou qui n'admettent du moins
qu'une très-légere différence.

Ces différentes observations prouvent
que la puissance du Souverain & le bonheur de l'Etat dépendent, à beaucoup
d'égards, & sont inséparables du commerce
& des manufactures. On ne peut sans tyrannie contraindre le Laboureur à tirer de la
terre plus que n'en exige sa subsistance &
celle de sa famille, & cette tyrannie est
impraticable en bien des cas. Il s'y sou-
mettra cependant de lui-même, & il n'y
aura plus de tyrannie, lorsque les manufactures & le commerce demanderont au
Laboureur ce superflu, dont le Souverain
pourra facilement prendre une partie &
l'employer même gratuitement, & dans
le cas de nécessité au service public. Le
cultivateur accoutumé au travail, & dont la
terre produit au-delà de ce qui est nécessaire à sa subsistance, peut supporter plus
facilement la charge qu'exige de lui le
Souverain, que s'il avoit été obligé d'aug-

menter fubitement fon travail, fans efpoir
d'en être payé. Il en eft de même de tous
les autres membres de l'Etat. Plus le fond
de toute efpece de travail eft grand, plus
il eft facile d'en tirer une partie, fans que
la maffe paroiffe en diminuer. Les richeffes
réelles, & la force véritable des Etats
confiftent dans les amas de grains, les
magafins de draps, & les approvifionne-
ments d'armes & de munitions. Le commerce & l'induftrie des nations font un
fond de travail, où les fujets vont chercher
dans les temps de paix & de tranquillité,
ce qui peut fatisfaire leurs defirs & leur
procurer des commodités, & où l'Etat
puife à fon tour, ce qui eft néceffaire à
fa défenfe dans les néceffités publiques.
Si nous pouvions changer les villes en camps
militaires, & infpirer dans tous les cœurs
ce génie martial, & cette paffion pour le
bien public, qui portent tous les citoyens
à s'expofer aux plus grandes fatigues, par
le feul amour de la patrie; les mœurs
anciennes pourroient alors revivre fur la
terre, on ne connoîtroit plus que la feule
induftrie néceffaire à la fubfiftance des
hommes, & elle feroit fuffifante pour
maintenir la fociété. Il faudroit alors
bannir abfolument des villes toute efpece
d'arts & de luxe, les rendre entiérement
femblables aux camps militaires, & en
diminuant la dépenfe de la table & des

équipages, épargner sur les vivres & sur les fourrages la consommation des bouches inutiles que le luxe & le goût des plaisirs y auroient attirées. Ces principes sont trop désintéressés pour que les hommes s'y soumettent long-temps, & les prennent pour regle de leur conduite. Des passions moins nobles doivent les gouverner; & il est nécessaire de les exciter par l'avarice, l'industrie, les arts & le luxe. Les villes sont, à la vérité, surchargées d'une suite embarrassante & superflue; mais les provisions de toute espece y sont portées de toutes parts & avec la plus grande abondance. L'harmonie qui doit régner entre toutes les parties de l'Etat n'en est pas dérangée; l'avantage des sujets, du public, & du Souverain se trouve réuni & confondu, & le Gouvernement ne pourroit que perdre par le changement des mœurs présentes.

Le même raisonnement peut faire connoître tous les avantages résultants du commerce étranger, en ce qu'il augmente la puissance des Etats en même temps que le bonheur des sujets. L'effet du commerce étranger est d'augmenter le travail de la Nation & par conséquent de remplir encore davantage ce fonds de travail & d'industrie où nous avons vu que le Souverain peut prendre ce qu'il estime nécessaire au service public. Le commerce étranger, introduit dans l'Etat,

des matieres premieres , qui servent d'a-
liment à de nouvelles manufactures ; ce
même commerce introduit chez les Nations
les plus éloignées les marchandises pro-
venant des anciennes fabriques , & leur
procure de nouveaux consommateurs. Un
Royaume dont les importations & les
exportations sont multipliées , a plus d'industrie & fabrique plus de marchandises
de luxe , que celui dont les peuples contents
de ce qu'ils possédent , ne commercent
qu'avec eux-mêmes ; il est par conséquent
plus riche , plus puissant & plus heureux.
Les Sujets jouissent de l'avantage du commerce étranger , par les plaisirs & les
commodités qu'ils se procurent , & le
public y gagne de son côté , ayant un
grand fond de travail que ce même commerce lui met , pour ainsi dire, en magasin,
& dont il peut se servir dans les circonstances critiques ; c'est-à-dire , que l'Etat
dont le commerce étranger est florissant,
renferme un grand nombre de sujets laborieux , qui peuvent être détournés de leur
travail ordinaire , & être employés au
service public , sans que le surplus de la
Nation soit privé , non seulement des
nécessités de la vie , mais même des principales commodités.

L'histoire nous apprend que les manufactures ne se sont perfectionnées chez la
plupart des peuples, qu'après l'établissement

B iij

du commerce étranger, dont le luxe a
toujours été la suite. Les hommes sont
naturellement portés à rechercher les marchandises nouvelles & étrangeres; ils leur
donnent la préférence, & en font usage
plûtôt que de perfectionner leurs anciennes
manufactures, dont les progrès sont toujours lents, & qui ne peuvent avoir à leur
égard l'attrait de la nouveauté; mais ils
acquiérent des richesses par l'exportation
de leur superflu, & en faisant consommer
aux Nations étrangeres des denrées & des
marchandises trop abondantes dans certains
pays, tandis que le sol & le climat les
refusent à d'autres, ils acquiérent en même
temps des richesses, & de nouveaux plaisirs.
Leur industrie étant une fois réveillée, ils
perfectionnent tous les objets de commerce
tant intérieur qu'étranger, & c'est peut-être
le principal avantage que retirent les nations de leurs liaisons réciproques. Le
commerce étranger rendant les peuples
laborieux, d'indolents qu'ils étoient auparavant, offre à ceux qui possédent des
richesses & qui cherchent à satisfaire
leur vanité, des objets de luxe, dont ils
n'avoient pas précédemment l'idée, & il
fait naître en eux le desir de vivre avec
plus de faste que leurs ancêtres. Dans ce
premier mouvement de la Nation, le petit
nombre des Négociants qui commercent
avec les étrangers font des profits immenses,

& deviennent bientôt auffi riches que
l'ancienne Nobleffe. Leur exemple excite
dans tous les cœurs le defir des richeffes,
& la facilité d'en acquérir par le commerce,
engage un grand nombre de citoyens à
embraffer la même profeffion ; leur donne
des rivaux, & augmente le nombre des
concurrents ; toutes les parties de l'Etat
font dans une efpece d'agitation ; les Fabricants profitent des découvertes des
étrangers, & donnent à leurs marchandifes
le degré de perfection dont elles font fufceptibles ; le fer & l'acier deviennent dans
leurs mains induftrieufes auffi brillants que
les métaux les plus précieux.

Lorfqu'une Nation eft dans cette heureufe pofition, fon commerce étranger peut
diminuer fans qu'elle perde de fa force &
de fa puiffance. Elle ceffera de fabriquer
les efpeces de marchandifes dont les étrangers ne feront plus *de demande* ; mais les
mêmes bras s'occuperont à de nouvelles
manufactures, & le peuple ne fera jamais
fans travail, parce que les perfonnes riches
auront toujours des defirs & de nouveaux
befoins ; la Chine en eft un exemple ; cet
Empire eft un des plus puiffants du monde,
quoique les Chinois faffent peu de commerce avec les étrangers.

Je puis obferver, fans encourir le reproche d'une digreffion inutile, que plus il
y a d'arts méchaniques dans un Etat, plus

il y a de sujets auxquels les mêmes arts procurent la subsistance. La grande disproportion des richesses affoiblit une Nation; il ne suffit pas pour qu'elle soit puissante, que chaque citoyen ait par son travail les nécessités de la vie, il faut encore qu'il puisse y joindre les commodités qui peuvent s'allier avec son état. Cette espece d'égalité est consolante pour la nature humaine, & diminue beaucoup moins du bonheur du riche, qu'elle n'ajoute à celui du pauvre. Elle augmente aussi la puissance de l'Etat en rendant les taxes & les impositions d'une perception plus facile. En effet, lorsqu'un petit nombre de personnes possédent toutes les richesses d'une Nation, il est nécessaire que dans le cas des nécessités publiques, elles soient assujetties à de très-fortes contributions; mais lorsque les richesses sont partagées entre un grand nombre de mains, chaque contribuable supporte plus facilement le fardeau des charges publiques, & les impositions peuvent être payées, sans apporter de changement remarquable dans la façon de vivre ordinaire; d'ailleurs lorsque les richesses sont trop inégalement partagées, l'autorité des riches en est d'autant plus grande dans la Nation, & ils en peuvent facilement abuser, pour opprimer les pauvres, & les contraindre à porter toutes les charges publiques, au grand préjudice de l'industrie, qui en est nécessairement découragée.

L'Angleterre a, par la conftitution de fon gouvernement, un grand avantage, à cet égard, fur toutes les Nations du monde connu, & même fur celles dont l'hiftoire fait mention. Il eft vrai que le haut prix de la main-d'œuvre, fuite néceffaire des richeffes des ouvriers, & de l'abondance de l'argent, donne quelques défavantages aux Anglois dans le commerce étranger ; mais comme le commerce étranger ne conftitue pas à lui feul le bonheur d'une Nation, on auroit tort de fe plaindre des inconvénients qui réfultent de la richeffe générale du peuple ; le haut prix de la main-d'œuvre feroit même un bonheur réel pour la Nation, s'il contribuoit à lui rendre plus cher le gouvernement libre fous lequel elle a le bonheur de vivre.

Quoique la richeffe du peuple ne foit pas une conféquence néceffaire de la liberté, il eft certain cependant que fi fon indigence n'eft pas l'effet immanquable du defpotifme, elle en eft du moins la fuite naturelle. La liberté ne produit des richeffes dans une Nation, que lorfqu'elle eft accompagnée de circonftances particulieres, & lorfque le génie du peuple fe tourne entiérement au commerce. Le Lord Bacon attribue la fupériorité de l'Angleterre fur la France, dans les longues guerres que ces deux Nations fe font faites autrefois, à la différence que les richeffes mettoient entre elles, c'est-à-dire, à la pauvreté du peuple de France, & à l'aisance du peuple Anglois. Les Loix & le Gouvernement de ces deux Royaumes étoient cependant pour lors à peu près semblables.

Lorsque les Laboureurs & les Artisans sont accoutumés à ne recevoir que peu d'argent, pour la récompense de leur travail & de leur industrie, il leur est difficile, même dans un gouvernement libre, de rendre leur condition meilleure, & de s'accorder entre eux pour augmenter le prix de leur travail ; mais dans un gouvernement despotique, lors même que par des circonstances particulieres le prix du travail est augmenté ; les riches sont toujours assez puissants pour conspirer contre les pauvres, & pour rejetter entiérement sur eux, & en tout temps, le fardeau des charges publiques ; & c'est ce qui explique pourquoi le peuple est toujours pauvre sous un gouvernement despotique, & pourquoi il le peut être également dans un Etat libre.

On ne pourroit, sans une espece de singularité, attribuer la pauvreté du peuple en France, en Italie, & en Espagne, à la fécondité du sol & de l'heureuse température du climat ; plusieurs raisons se réunissent cependant pour rendre ce paradoxe très-vraisemblable. En effet, la terre naturellement féconde dans les pays méridionaux de l'Europe cede facilement aux travaux du Laboureur , & deux chevaux de peu de valeur fuffifent à un feul homme, pour cultiver une affez grande quantité de terrein, y recueillir affez de denrées , pour fubvenir à fa fubfiftance, à celle de fa famille , & donner encore un revenu au Propriétaire. Toute la fcience du fermier confifte , dans ces pays , à réparer l'épui-fement de la terre par une année de repos. La chaleur du Soleil & la température du climat fuffifent feuls pour lui rendre fa fertilité , & les payfans n'y ont d'autre ambition que de retirer la fimple fubfi-ftance, pour prix de leur travail. Leur pauvreté les empêche d'étendre leurs defirs , & les tient dans la dépendance perpétuelle du propriétaire, qui n'eft pas dans l'ufage de paffer bail avec eux, mais partage la récolte par moitié; & comme il eft affuré de trouver toujours des cultivateurs, il ne craint pas que fa terre refte jamais en friche. En Angleterre au contraire , la terre ftérile par elle-même, & moins expofée aux influences favorables du Soleil, deman-de beaucoup de culture pour y devenir féconde, & la culture y exige des dépenfes confidérables. Un champ qui n'eft pas pré-paré avec foin n'y produit que des récoltes très-médiocres, & le fermier a befoin de plu-fieurs années de jouiffance, pour retirer quel-que profit des grandes avances qu'il eft obligé de faire. Il faut donc que les fermiers aient en Angleterre de gros fonds à eux, & que les propriétaires leur passent de longs baux, sans quoi leurs profits ne seroient jamais proportionnés à leurs dépenses. Les vignobles fameux de Champagne & de Bourgogne, qui rendent souvent aux propriétaires cinq livres sterlings par acre, sont cultivés par de misérables paysans qui ont à peine du pain. Il est impossible que les vignerons puissent jamais être riches, parce qu'ils n'ont besoin que de leurs bras & de quelques outils qu'ils peuvent acheter avec vingt schelings. Les Laboureurs sont à la vérité, dans ces mêmes pays, moins pauvres que les vignerons ; & par la même raison les herbagers & ceux qui engraissent le bétail y sont plus à l'aise que les autres cultivateurs. Les hommes doivent avoir des profits proportionnés à la dépense qu'exigent leurs entreprises, & aux hasards auxquels ils s'exposent. Lorsque les cultivateurs, de quelque pays que ce puisse être, sont pauvres, tout le reste de la Nation doit s'en ressentir, & être également dans la pauvreté, soit dans les Monarchies, soit dans les Républiques.

On peut faire une observation semblable par rapport à l'histoire générale du genre humain. Quelle raison peut empêcher toutes les Nations situées entre les tropiques de devenir habiles dans la science militaire

dans la législation , & dans les arts de
luxe , tandis que dans les climats tempérés,
on trouve très-peu de nations entièrement
dépourvues de ces avantages ? Il est vraisemblable que la chaleur toujours la même
dans la zone torride en est la cause ; les
habitants de ces pays brûlants peuvent se
passer plus aisément que les autres de maisons
& d'habillements; ils ne sont pas excités, par
conséquent par la nécessité , mere de l'industrie & de l'invention. *Curis acuens mortalia
corda.* D'ailleurs les richesses & les possessions étant l'origine de toutes les disputes
qui s'élevent parmi les hommes, les peuples,
pauvres & sans besoins , ne sentent pas la
nécessité d'une police toujours permanente,
& d'une autorité réguliere , qui puisse les
protéger , & les défendre contre l'invasion
des ennemis étrangers , & les injustices de
leurs concitoyens.

ESSAI
SUR LE LUXE.

LE Luxe eſt un mot qu'on peut employer également en bonne & en
mauvaiſe part, & il eſt difficile de définir
exactement ce qu'on entend par cette expreſſion. On donne en général le nom
de Luxe à toutes les recherches qui peuvent
flatter agréablement les ſens, & ces recherches ont des degrés, qui les rendent
innocentes ou condamnables, ſelon le ſiecle,
le pays où la condition des perſonnes : les
limites entre le vice & la vertu ſont auſſi
difficiles à aſſigner, en matiere de luxe,
qu'en tout autre ſujet de morale. Il faut
être échauffé par l'enthouſiaſme pour donner la qualification de vice à un léger
rafinement dans les plaiſirs des ſens, ou
à la délicateſſe dans le boire, le manger,
& les vêtements. J'ai entendu parler d'un
Religieux, qui pouvant jouir d'une très-
belle vue ſans ſortir de ſa cellule, ſe fit
une loi de n'y jamais tourner les yeux,
pour ſe priver d'un plaiſir qu'il eſtimoit
trop ſenſuel. Le plaiſir de boire du vin

de Champagne & de Bourgogne, préfé-
rablement à de la biere, eſt auſſi innocent que celui d'une belle vue. Il eſt vice
lorſqu'il ne peut être ſatisfait qu'aux dépens de la bienfaiſance & de la charité,
& il devient folie & déraiſon lorſqu'il entraîne la ruine de la fortune, & réduit à
la mendicité ; mais les recherches & les
délicateſſes dans les beſoins & les plaiſirs
de la vie ſont innocentes en elles-mêmes,
& ont été regardées comme telles par
la plupart des moraliſtes de tous les
ſiecles, lorſqu'on peut les avoir en ſe
conſervant les moyens d'élever & d'établir
ſa famille, de ſervir ſes amis, & de faire
dans les occaſions des actes de charité &
de généroſité. Un homme entiérement
occupé du luxe de la table, ſans aucun
goût pour les plaiſirs inſéparables de l'ambition, de l'étude, ou de la converſation,
& qui y borne toute ſa dépenſe, ſans
égard pour ſa famille & ſes amis, n'a
qu'une groſſiere ſtupidité, incompatible avec
la vigueur de l'ame & de l'eſprit, & il
découvre un cœur incapable d'humanité
& de bienfaiſance ; mais celui dont la fortune eſt ſuffiſante pour allier ſes devoirs
à la délicateſſe de la table, & qui ne s'y
livre que lorſque les affaires, l'étude &
la ſociété lui en donnent le loiſir, ne peut
mériter aucune eſpèce de blâme ou de
reproche.

Puisque le luxe peut être considéré sous deux faces différentes, il n'est pas étonnant qu'il ait donné lieu à des opinions outrées & déraisonnables. Les uns, conduits par des principes dissolus, louent le luxe le plus déréglé, & le soutiennent avantageux à la société ; tandis que d'autres, d'une morale sévere, blâment le luxe le plus innocent, & le représentent comme la source de toute espece de corruption, & l'origine des désordres & des factions propres à troubler le Gouvernement. Nous tâcherons de rapprocher ces deux extrêmités en prouvant, 1°. que les siecles de luxe & de délicatesse sont les plus heureux & les plus vertueux. 3°. Que le luxe cesse d'être utile à la société lorsqu'il n'est pas modéré, & que lorsqu'il est porté trop loin, il devient pernicieux à la société politique, quoique, peut-être, il y ait des vices, qui lui soient encore plus nuisibles.

Pour prouver la premiere proposition, il suffit de considérer les effets du luxe, tant dans la vie privée, que dans la vie publique. On convient communément que le bonheur de la vie consiste dans l'action, le plaisir & le repos ; leur union est nécessaire en différentes proportions, suivant la diversité des caracteres, & tout homme qui en est entiérement privé ne peut être estimé heureux. Le repos ne paroît pas par lui-même pouvoir contribuer beaucoup

beaucoup à notre satisfaction. Mais ,
semblable au sommeil, il est nécessaire à
la foiblesse humaine incapable de soutenir
une continuité non interrompue de plaisirs & d'affaires, Cette ardeur , qui tire
l'homme de lui-même , & qui constitue
principalement la jouissance , épuise son
esprit & exige des intervalles de repos ;
& ce même repos , agréable pour un
moment, engendre, s'il est prolongé , une
langueur & un engourdissement incom-
patibles avec le bonheur. Il faut avouer
que l'éducation , la coutume & l'exemple
ont une grande influence pour déterminer
les desirs des hommes , & qu'ils contribuent beaucoup à leur bonheur , lorsque
dès les premieres années de la vie , ils
leur inspirent du goût pour les plaisirs &
pour les affaires. Dans les siecles où l'on
voit fleurir les arts & l'industrie , les
hommes sont continuellement occupés , &
l'occupation elle-même n'est pas moins leur
récompense , que les plaisirs que leur
procure le produit de leur travail. L'esprit
acquiert par l'occupation une nouvelle
vigueur ; il augmente son pouvoir & ses
facultés, & l'homme se trouve en état, par
son assiduité au travail , de satisfaire à la
fois ses vrais besoins, & de prévenir les
desirs déshonnêtes, que le loisir & l'oisiveté
n'engendrent que trop souvent ; on ne
peut bannir les arts de la société , sans

C

priver les hommes de l'occupation & du plaisir. Le repos prend alors leur place, mais il cesse d'être agréable : parce qu'il ne le peut être que lorsqu'il succede au travail, & qu'il rétablit l'esprit épuisé par trop de fatigue & d'application. L'industrie & le rafinement dans les arts méchaniques, produisent un autre avantage, en ce que les arts libéraux font les mêmes progrès ; & il est impossible que les uns puissent être portés à quelque degré de perfection, sans que les autres ne s'en ressentent. Les siecles renommés par les grands Philosophes, les habiles Politiques, les Guerriers fameux, & les Poëtes célebres abondent ordinairement en habiles Fabricants & en Constructeurs de vaisseaux. Il n'est pas vraisemblable que chez une nation où l'Astronomie est inconnue & la Morale entiérement négligée, les manufactures y soient portées à leur point de perfection, & qu'il s'y fabrique des étoffes agréablement dessinées. Le génie du siecle se répand sur tous les arts ; & l'esprit des hommes une fois sorti de sa léthargie, & mis, pour ainsi dire, en fermentation, embrasse tous les objets & perfectionne toute espece d'arts & de sciences. Les hommes sortent alors de cette ignorance profonde où la nature les a fait naître, & font des êtres vraiment raisonnables, c'est-à-dire, qu'ils ont la capacité d'agir,

de penfer & de jouir des plaifirs des fens,
en même temps que de ceux de l'efprit.

Les hommes deviennent plus fociables
entre eux, à mefure que les arts fe perfectionnent; ils ne peuvent plus fupporter
la folitude & la vie retirée, réfervée aux
nations barbares & ignorantes, lorfque
leur efprit eft enrichi de connoiffances,
& qu'ils font en état de fe les communiquer réciproquement; ils s'empreffent
alors d'aller habiter les villes, foit pour
acquérir de nouvelles connoiffances,
foit pour faire part aux autres de celles
qu'ils ont déjà acquifes. Ils fe plaifent à
fe faire remarquer par leur efprit & leurs
connoiffances, à briller dans la conver-
fation par leurs talents, ou à être diftingués dans la fociété par leurs habillements
& leurs équipages. Les fages font attirés
dans les villes par la curiofité; la vanité
y entraîne les fots: mais le plaifir y conduit les uns & les autres. Il fe forme
par-tout des fociétés particulieres, où les
deux fexes vivent enfemble avec bien-
féance & politeffe; les hommes, fi différents entre eux par leurs humeurs & leurs
caracteres, font bientôt forcés de les contraindre pour fe plaire réciproquement,
& il eft impoffible que devenus déjà
meilleurs, par le progrès des connoiffances
& des arts libéraux, ils ne fentent croître
en eux-mêmes, par l'habitude de converfer

ensemble & de contribuer à leurs plaisirs
réciproques, ce sont s d'humanité & de
bienfaisance que la nature a gravé dans leur
cœur. Les connoissances, l'industrie &
l'humanité sont donc liées ensemble par
une chaîne indissoluble, & la raison s'unit
avec l'expérience, pour nous démontrer
qu'elles sont l'apanage des siecles renommés par le luxe & la délicatesse. Tous ces
avantages sont tellement supérieurs aux
inconvenients qui en peuvent résulter,
qu'il seroit superflu d'en faire la comparaison. Plus les hommes recherchent la
délicatesse dans leurs plaisirs, moins ils
se laissent aller aux excès repréhensibles;
parce que ces excès sont le tombeau des
vrais plaisirs. On peut assurer avec vérité
qu'il y a bien plus de grossiere gloutonnerie
dans les repas des Tartares, dont les festins
consistent en viande de cheval, que dans
les repas délicats des Courtisans de l'Europe.
Si l'amour illégitime & l'infidélité dans
le mariage sont plus fréquents dans les
siecles de luxe, l'ivrognerie, vice plus
honteux & plus nuisible au corps & à
l'esprit, s'y montre bien plus rarement. Je
ne prendrai pas seulement Ovide & Pe-
trone pour juges de cette proposition,
mais je m'en rapporterai à Seneque ou à
Caton. Nous savons que César ayant été
obligé, dans le temps de la conspiration
de Catilina, de remettre entre les mains

de Caton, un écrit qui ne laiſſoit aucun
doute de ſon intrigue galante avec Servilie,
propre ſœur de Caton ; ce Philoſophe
auſtere le lui jeta avec indignation, &
l'appella dans l'aigreur de ſa colere, *ivrogne*,
expreſſion qui lui paroiſſoit plus injurieuſe
que celle dont il auroit eu plus de raiſon
de ſe ſervir.

Les avantages réſultants de l'induſtrie
& du progrès des connoiſſances, ne ſont
pas ſeulement réſervés pour la vie particuliere & privée. Ils répandent leur favorable influence ſur le public ; parce que
la grandeur & la puiſſance des Etats ſont
toujours dans la proportion du bonheur,
& de l'occupation des ſujets. La ſociété
profite de l'accroiſſement des conſomma-
tions de toutes les eſpeces de denrées &
de marchandiſes qui contribuent aux plaiſirs
& aux commodités de la vie, & en même
temps que cet accroiſſement des conſom-
mations multiplie les plaiſirs innocents des
citoyens, il eſt réellement un fond de travail toujours ſubſiſtant parmi le peuple,
& propre à être employé au ſervice public
dans les temps de néceſſité. Chez toutes
les nations au contraire, où l'étroit néceſſaire ſuffit, & dont les ſujets ſont ſans
deſirs pour les ſuperfluités, les hommes
vivent dans l'oiſiveté, ne prennent aucune
part aux plaiſirs de la vie, & ſont inutiles
au public, qui ne peut tirer aucun ſecours

pour l'entretien de ses flottes & de ses armées, de sujets paresseux & indolents.

Toutes les puissances de l'Europe possèdent aujourd'hui le même territoire qu'elles possédoient il y a deux cents ans, ou du moins la différence dans l'étendue de leurs possessions est très-peu considérable, de ce qu'elle étoit au commencement du seizieme siecle. Tous ces Etats ont cependant acquis une force & une puissance dont ils paroissoient pour lors fort éloignés. Ce changement singulier ne peut être attribué qu'au grand progrès des arts & de l'industrie.

L'armée conduite en Italie par Charles VIII. n'étoit que de 20000 hommes ; la France en fut cependant si épuisée, qu'au rapport de Guichardin, elle fut pendant quelques années incapable de renouveller un semblable effort. Louis XIV a entretenu sur pied, pendant tout le temps qu'a duré la guerre pour la succession d'Espagne, plus de 400000 hommes, quoique depuis la mort du Cardinal Mazarin jusqu'à la sienne, il eût soutenu la guerre à différentes reprises durant près de trente ans. Les connoissances en tout genre, inséparables des siecles fameux par les arts & le luxe, n'excitent pas seulement l'industrie, mais elles fournissent aux gouvernements les moyens de la rendre encore plus utile aux sujets. Les loix politiques qui main-

tiennent l'ordre, la police, & la subordi-
nation dans la société ne peuvent être
portées à leur degré de perfection, que
lorsque la raison humaine a fait des progrès marqués, par son application aux arts
les plus ordinaires, tels que ceux du
commerce & des manufactures. Peut-on
espérer trouver de bonnes loix chez les
peuples qui ignorent l'usage des instru-
ments que nos ouvriers les plus grossiers
savent employer, pour la fabrique des
étoffes les plus communes? Les siecles
d'ignorance ont d'ailleurs toujours été ceux
de la superstition, dont l'effet est de détourner le gouvernement de son véritable
objet, & de faire perdre de vue aux
hommes leur bonheur & leurs intérêts.

Lorsque le goût des connoissances est
répandu dans une nation, ceux qui sont
à la tête du gouvernement sont doux &
modérés, parce que les leçons d'humanité
ont été les premieres qu'ils aient reçues,
& qu'ils ont appris de bonne heure combien elle étoit préférable à la sévérité &
à la rigueur, dont l'effet naturel est de
porter les sujets à la révolte, & de les
détourner pour toujours de la soumission,
en leur faisant perdre toute espérance de
pardon. Ces sentiments d'humanité paroiffent avec plus d'éclat, à mesure que les
mœurs des hommes s'adoucissent, & que
leurs connoissances s'étendent ; & c'est le

C iv

principal caractere qui distingue les siecles
policés, des temps d'ignorance & de barbarie. Les factions & les haines de parti
y sont toujours moins durables, les révolutions moins sanglantes, l'autorité moins
sévere, & les séditions moins fréquentes.
Les guerres étrangeres deviennent même
moins cruelles, & les Guerriers, dont le
cœur s'endurcit sur le champ de bataille
contre la compassion & la crainte, autant
par honneur que par intérêt, cessent d'être
ennemis après le combat, & deviennent
des hommes, après avoir été des bêtes
féroces.

Il n'est pas à craindre que les hommes
en perdant de leur férocité, perdent également de leur courage, ou deviennent
moins intrépides & moins valeureux dans
la défense de leur patrie & de leur liberté;
les arts n'affoiblissent ni le corps ni l'esprit;
l'industrie au contraire, leur compagne
inséparable, ajoute de nouvelles forces au
corps; & si l'aménité & la douceur des
mœurs ôtent à l'ardeur guerriere son extérieur de rudesse & de férocité; l'honneur,
principe plus fort, plus durable & plus
docile, acquiert une nouvelle vigueur,
par cette élévation de génie que donnent
les connoissances & les talents; on doit
convenir aussi que la valeur n'est durable
& utile, que lorsqu'elle est accompagnée
de la science & de la discipline militaire,

qu'on trouve rarement chez les peuples
barbares. Les anciens Hiftoriens ont ob-
fervé que *Datames* fut le feul Barbare
renommé pour fon habileté dans l'art militaire, & *Pyrrhus*, étonné des évolutions
& de la difcipline des armées Romaines,
ne put s'empêcher de dire à fes Courti-
fans, que les Romains, qu'il défignoit par
l'expreffion de *Barbares*, *ne l'étoient plus
lorfqu'ils faifoient la guerre*. De toutes les
nations de l'antiquité le peuple Romain
a été le feul où la difcipline militaire ait
été en vigueur, avant qu'il fût policé; &
il eft fingulier que les Italiens foient de
tous les peuples modernes de l'Europe,
celui qu'on regarde communément comme
le moins propre aux entreprifes guerrieres,
& le moins ambitieux de la réputation
militaire. Ceux qui attribuent ce caractere
efféminé des Italiens à leur luxe, à leur
délicateffe & à leur goût pour les arts,
n'ont pas réfléchi fans doute que la bravoure
des François & des Anglois étoit auffi
inconteftable, que leur activité dans le
commerce, & leur paffion pour le luxe.
Les Hiftoriens d'Italie nous donnent une
raifon plus fatisfaifante du changement
arrivé dans le caractere des habitants de
cette partie de l'Europe; ils obfervent que
tous les Souverains de l'Italie étoient en
guerre les uns contre les autres, dans le
même temps où l'Ariftocratie Vénitienne

étoit toujours en garde contre ses propres sujets, où la Démocratie Florentine s'appliquoit uniquement au commerce, où Rome étoit gouvernée par des Prêtres, & Naples par des Femmes. Les Généraux n'avoient alors sous leurs drapeaux que des Soldats de fortune, qui n'étant excités par aucun intérêt particulier, ne faisoient les uns contre les autres que des simulacres de guerre, sembloient s'attaquer & se défendre mutuellement pendant des journées entieres, & retournoient, après cette apparence de combats, passer la nuit dans leur camp, laissant à peine quelques morts & quelques blessés sur le champ de bataille.

Les moralistes séveres se sont servis des événements de l'ancienne Rome, pour justifier leurs déclamations contre le luxe & la délicatesse dans les plaisirs. Tant que cette République joignit à la pauvreté & à la rusticité des mœurs, la vertu & l'amour de la patrie, elle parvint au plus grand degré de puissance & de liberté ; mais ses conquêtes dans l'Asie ayant introduit le luxe chez les Romains, les mœurs se corrompirent aussi-tôt, & on vit naître les séditions & les guerres civiles, qui furent suivies de la perte entiere de la liberté. Tous les Auteurs classiques que nous étudions dans notre enfance nous parlent de cet événement, & attribuent la ruine de

l'Etat aux arts & aux richeffes apportées
de l'Orient. Salluste étoit tellement perfuadé de cette opinion, que le goût de la
peinture paroiffoit à fes yeux un auffi
grand vice, que la débauche & l'ivrognerie.
Cette façon de penfer étoit fi générale
dans les derniers temps de la République,
que cet Auteur ne tarit pas fur les louanges
qu'il donne à l'ancienne Rome, & à l'au-
ftere vertu de fes premiers citoyens, quoiqu'il fût lui-même un exemple éclatant du
luxe & de la corruption moderne. L'Ecrivain le plus élégant parle avec mépris de
l'éloquence des Grecs, & fe permet fur
cette matiere des digreffions & des déclamations déplacées, qui font en même temps
des modeles de goût & de correction. Il
feroit aifé de prouver que ces Auteurs fe
font trompés, fur les caufes des défordres
arrivés dans la République Romaine, &
qu'ils ont attribué au luxe & aux arts,
ce qui ne procédoit que de la mauvaife
conftitution du gouvernement & de la
trop grande étendue des conquêtes. Le
luxe & la délicateffe dans les plaifirs n'entraînent pas néceffairement après eux la
corruption & la vénalité; ce qu'on appelle
plaifir, délicateffe & rafinement, eft relatif
à l'état des perfonnes, & les hommes ne
les recherchent & ne les defirent que par
comparaifon ou relativement à leur propre
expérience. L'artifan eft auffi avide d'argent

pour le dépenſer en eau-de-vie & en nourriture groſſiere, que le courtiſan pour ſe procurer du vin de Champagne & les mets les plus délicats. Les hommes de tous les ſiecles & de tous les temps n'eſtiment les richeſſes que parce qu'elles peuvent multiplier les plaiſirs auxquels ils ſont accoutumés. L'honneur & la vertu peuvent ſeuls reſtraindre & régler l'amour de l'argent ; & ſi ces qualités précieuſes & eſtimables n'exiſtent pas également dans tous les ſiecles, elles doivent être plus communes dans ceux qui ſont renommés par le luxe & les connoiſſances.

La Pologne eſt l'Etat de l'Europe où il y a le plus de corruption & de vénalité ; les arts méchaniques & libéraux, ainſi que ceux de la guerre & de la paix, paroiſſent cependant y avoir fait moins de progrès que par-tout ailleurs. Les Nobles de cette partie de l'Europe ne ſemblent avoir conſervé leur couronne élective, que pour la vendre ſous l'apparence de formalités régulieres, à celui qui la met à plus haut prix ; & cette Nation ne paroît pas connoître d'autre eſpece de commerce.

Il s'en faut beaucoup que l'Angleterre ait perdu de ſa liberté, depuis l'introduction du luxe & des arts, elle en a au contraire étendu les droits. Si la corruption paroît prévaloir depuis quelques années, on doit l'attribuer principalement à l'établissement solide de la liberté, dont l'heureux effet est d'empêcher nos Princes de gouverner sans Parlement, & de les mettre hors d'état d'intimider ces mêmes Parlements, par le fantôme de leur prérogative. D'ailleurs la corruption ou la vénalité reprochée au peuple Anglois existe bien plus parmi les électeurs que parmi les représentants, & ne peut par conséquent être raisonnablement attribuée aux délicatesses & aux rafinements du luxe.

Les arts & le luxe, considérés dans leur véritable point de vue, doivent paroître favorables à la liberté ; & s'ils ne suffisent pas seuls pour affranchir les peuples de la servitude, ils contribuent du moins à la conservation de la liberté, & les mettent à l'abri du malheur de la perdre. En effet, lorsqu'on observe avec attention les nations grossieres & sans police, où les arts sont inconnus, on y voit la culture de la terre être l'unique travail & la seule industrie du peuple. Les habitants n'y sont partagés qu'en deux classes, l'une composée des Propriétaires des terres, & l'autre de leurs vasseaux ou fermiers. Ces derniers, ne possédant aucunes richesses, naissent nécessairement dans la dépendance, & sont élevés dans l'esclavage & dans la soumission ; l'ignorance entiere & absolue de toute espece d'arts, dans laquelle est plongée la Nation, les empêche même d'en être confidérés par leur habileté dans l'agriculture. Les premiers, c'eft-à-dire, les Propriétaires des terres, s'érigent natu- rellement, dans ces pays barbares, en petits tyrans, & font forcés, pour le main- tien de l'ordre & de la tranquillité publique, de fe choifir parmi eux un Souverain abfolu & indépendant. Peut-être que, femblables aux anciens Barons Goths, ils voudront conferver leur indépendance mutuelle; mais il s'élévera bientôt entre eux des difputes & des animofités, qui répandront dans la Nation un trouble & une confufion, plus infupportables, peut- être, que le gouvernement le plus defpo- tique. Dans les pays, au contraire, où le luxe anime le commerce & l'induftrie, les payfans s'enrichiffent par la culture de la terre, & ceffent d'être efclaves. On voit paroître en même temps des mar- chands & des négociants, qui formant une claffe mitoyenne & nouvelle dans la fociété, & qui devenus, par les profits de leur commerce, propriétaires de quelques portions de terre, acquiérent de la confi- dération & de l'autorité parmi leurs conci- toyens, & deviennent, par la fucceffion des temps, la bafe la plus folide & la plus durable de la liberté publique. Cette claffe de Citoyens, mitoyenne entre les grands propriétaires & les cultivateurs, ne fe foumet pas à l'efclavage, comme le pauvre

payſan, que l'indigence & le peu d'élévation d'eſprit y entraînent, & ſe ſentant
d'ailleurs trop foible pour pouvoir exercer
ſur les cultivateurs la même autorité que
les Barons, elle n'a aucun intérêt à ſe
ſoumettre à la tyrannie de leur Souverain;
cette claſſe ne deſire que le maintien &
la conſervation des loix qui aſſurent la
propriété, & la mettent à l'abri de la
tyrannie, ſoit monarchique, ſoit ariſto-
cratique. La Chambre des Communes eſt
le plus ſolide appui de notre Gouvernement populaire; & tout le monde convient
qu'elle n'a acquis ſon crédit & ſon pouvoir, que par l'accroiſſement du commerce,
qui a fait paſſer une grande partie de la
propriété des terres entre les mains des
Communes. Il y a donc une contradiction
manifeſte dans les déclamations contre le
luxe & la perfection des arts, & c'eſt une
erreur évidente que de les repréſenter
comme le poiſon deſtructeur de la liberté
& de l'amour de la patrie.

Les hommes ſont portés naturellement
à critiquer leurs contemporains, à blâmer
les mœurs & les uſages du temps préſent,
& à exalter les vertus réelles ou prétendues
de leurs ancêtres. Les écrits des ſiecles
éclairés & policés étant les ſeuls qui paſſent
à la poſtérité, il n'eſt pas étonnant que
nous trouvions dans les Auteurs les plus
eſtimés, un ſi grand nombre d'arrêts ſéveres

prononcés, non feulement contre le luxe, mais même contre les fciences : le refpeét qu'on nous infpire pour ces Auteurs éclairés, joint à l'inclination naturelle à tous les hommes de cenfurer leurs concitoyens, nous fait adopter leurs fentiments; il feroit cependant facile de détruire cette erreur, & de rendre un jugement impartial, en faifant la comparaifon de quelques peuples contemporains, dont on mettroit les mœurs en oppofition. On ne peut, en effet, s'empêcher de reconnoître que la trahifon & la cruauté, les plus déteftables de tous les vices, femblent être particuliérement affectés aux nations fans police & fans luxe. Les Grecs & les Romains les plus civilifés de tous les peuples de l'antiquité, en faifoient le reproche à toutes les nations barbares dont ils étoient environnés; ils ne pouvoient ignorer cependant que leurs Ancêtres, dont ils fe plaifoient à vanter les vertus, étoient barbares avant d'avoir été civilifés; qu'ils avoient par conféquent été affujetties aux mêmes vices, & auffi inférieurs à leurs defcendants par les fentiments d'honneur & d'humanité, que par leurs connoiffances dans les fciences & dans les arts. On fera tels éloges qu'on voudra des anciens Francs & des anciens Saxons, je croirai toujours ma fortune & ma vie moins en fûreté entre les mains d'un Maure & d'un Tartare, qu'entre celles d'un d'un Anglois, ou d'un François, élevés l'un & l'autre dans leur patrie, c'eft-à-dire, chez les peuples les plus policés du monde connu.

Il me refte maintenant à expliquer la feconde propofition que j'ai avancée au commencement de cet Effai, c'eft-à-dire, que le luxe ceffe d'être avantageux au public, lorfqu'il n'eft plus modéré, & que dans ce cas, quoiqu'il ne foit pas la qualité la plus nuifible à la fociété, il y apporte cependant un mal réel.

Ce qu'on ajoute aux fimples néceffités de la vie, les recherches & les délicateffes qu'on apporte dans les plaifirs permis, font un luxe; mais ce luxe, innocent en lui-même, eft cependant dangereux, & peut même être regardé comme un vice, lorfqu'il abforbe toute la dépenfe d'un citoyen & le met hors d'état de remplir les devoirs que fa fortune & fon état exigent de lui. Suppofons qu'un pere de famille, vivant dans les bornes de fa condition, au lieu d'employer tout fon revenu à des dépenfes de fafte & de plaifir, le partage avec fes enfants, auxquels il donne une excellente éducation, avec fes amis qu'il aide dans leurs befoins, & avec les pauvres qu'il fecourt dans leurs néceffités, il n'en réfultera certainement aucun préjudice pour la fociété, il s'y fera au contraire la même confommation. La portion de

D

travail qui n'auroit été utile qu'aux plaisirs d'un seul homme, sera employé au
soulagement de cent malheureux. La même
somme d'argent dépensée pour forcer la
nature & faire manger à un homme sen-
suel des fruits parvenus à leur maturité
avant la saison qui leur est propre, peut
faire subsister une famille entiere durant
six mois de l'année. Ceux qui soutiennent
que le peuple seroit oisif & sans travail,
si un luxe vicieux & outré ne lui fournis-
soit de l'occupation, peuvent avancer également que le luxe est un remede contre
la paresse, l'amour propre, le peu d'humanité, la dureté de cœur, & autres
semblables défauts qui paroissent malheu-
reusement attachés & inséparables de la
nature humaine. On peut en ce cas comparer le luxe à ces poisons, dont la Mé-
decine fait usage, & qui deviennent
remedes entre ses mains. Mais pour me
servir de la même comparaison, la vertu
est dans tous les cas préférable à ce qui
n'a même que l'apparence du vice, par la
même raison que les aliments sains auront
toujours la préférence sur les poisons,
quelque corrigés & adoucis qu'on puisse
les supposer.

Personne ne peut s'empêcher de reconnoître qu'il est dans la puissance de Dieu
de rendre le peuple de la grande Bretagne
plus heureux, soit par une réforme entiere

es mœurs & du caractere des hommes,
oit en leur preſcrivant des loix, dont il
ne leur feroit pas poſſible de s'écarter.

Comme la terre peut toujours nourrir plus
d'habitants qu'elle n'en contient, ceux que
nous imaginons dans cette République
utopienne, ne feroient aſſujettis qu'aux
infirmités du corps, qui ne font pas la
moitié des miſeres humaines. Pour les
autres maux dont les hommes font affligés,
ils ont leur ſource dans nos vices, ou dans
ceux des autres, & même pluſieurs de
nos maladies n'ont pas d'autre origine.
Les hommes feroient heureux, & à l'abri
de tous les maux, ſi les vices pouvoient
être bannis de deſſus la terre & en diſpa-
roître pour toujours. Je dis tous les vices,
car on ne pourroit en garder quelques-uns,
ſans rendre la condition humaine plus
malheureuſe qu'elle ne l'étoit auparavant;
en banniſſant le luxe vicieux, & en laiſſant
parmi les hommes la pareſſe & une indifférence générale pour le bien de la ſociété,
l'induſtrie diminuera dans l'Etat, & on ne
doit pas s'attendre que la charité & la
énéroſité le dédommagent de cette perte.
Contentons-nous d'aſſurer que deux vices
oppoſés peuvent être moins nuiſibles dans
un état, lorſqu'ils y font réunis, que ne
le feroit l'un des deux s'il y étoit ſeul;
mais ne ſoutenons jamais qu'un vice peut
être avantageux par lui-même. Un Auteur

qui avance dans un endroit de son ouvrage, que les Politiques ont inventé les distinctions morales, pour l'intérêt public, & qui soutient dans un autre, que le vice est avantageux au public, (*) se contredit évidemment; en effet, dans quelque système de morale que ce puisse être, il y a au moins une contradiction dans les termes, lorsqu'on soutient qu'un vice peut en général être avantageux à la société. Ce raisonnement m'a paru nécessaire pour éclaircir une question philosophique sur laquelle on a beaucoup disputé en Angleterre! Je l'appelle question *philosophique*, & non pas *politique*; car quelle que puisse être la conséquence du changement que le souverain Législateur est le maître d'opérer dans le genre humain, en gratifiant les hommes de toutes les vertus, & les délivrant de toute espèce de vices; le Magistrat qui ne s'occupe que des choses possibles, ne peut prendre aucun parti dans cette question. Il ne dépend pas de lui de mettre la vertu à la place du vice, mais il ne lui est pas impossible de guérir un vice par un autre; & dans ce cas il doit préférer celui qui est le moins nuisible à la société. Le luxe excessif est la source de beaucoup de maux, mais il est en général préférable à la paresse & à l'oisiveté, qui vraisemblablement prendroient sa place, &

(*) Fable des Abeilles.

dont les conséquences sont plus préjudiciables aux particuliers & au public. Chez
les nations où la paresse & l'oisiveté sont
les vices dominants, les mœurs sont basses
& grossieres dans toutes les classes du
peuple ; les hommes n'ont ni plaisirs ni
société entre eux ; & si le Souverain a
besoin du service de ses sujets, le travail
de l'Etat ne pouvant fournir de subsistance
qu'à la classe des Laboureurs, il se trouve
hors d'état de récompenser ceux qui sont
employés po ur le public.

E S S A I

SUR L'ARGENT.

L'ARGENT n'est pas, à proprement parler, un objet de commerce, il n'est que la mesure dont les hommes sont convenus pour faciliter l'échange réciproque de leurs marchandises, & il peut être, à beaucoup d'égards, comparé aux voiles du vaisseau, sans le secours desquelles un bâtiment ne pourroit traverser l'espace immense des mers, & naviger dans les pays les plus éloignés. La valeur de toutes les especes de denrées & de marchandises, est toujours proportionnée à la quantité de l'argent existant dans un état, ce qui en rend le plus ou le moins d'abondance absolument indifférent chez tous les peuples dont on cherche à estimer la force & la puissance, indépendamment & sans relation avec ceux dont ils sont environnés. En effet, on achetoit avec un écu, du temps de Henri VII, autant de marchandises, qu'on pourroit en acheter aujourd'hui avec une guinée. Le public seul peut retirer quelque avantage d'une plus grand abondance d'argent, & cet avantage est borné dans le cas des guerres & des négociations avec les Etats voisins ; c'est pour cette raison qu'en remontant jusqu'à la République de Carthage, on a vu dans tous les temps les pays riches & commerçants soudoyer des troupes mercenaires qu'ils employoient à leur service, & qu'ils levoient chez les nations voisines, moins riches & moins commerçantes. S'ils n'avoient fait la guerre qu'avec leurs sujets naturels, leurs richesses & leur grande abondance de matieres d'or & d'argent leur auroient été moins utiles, parce que la paie des troupes nationales doit toujours augmenter, a proportion de l'opulence générale. La France ne dépense pour l'entretien & la subsistance d'une armée de soixante mille hommes, que les mêmes sommes d'argent qu'il en coûte à l'Angleterre pour une armée deux fois moins nombreuse, ce qu'on ne peut attribuer qu'à la grande différence des richesses de l'un & l'autre Royaume. Les Empereurs Romains, maîtres du monde entier, ne dépensoient pas pour l'entretien de leurs Légions, ce qu'il en a coûté annuellement à l'Angleterre pour l'équipement & la subsistance de ses flottes durant la derniere guerre.

Un Royaume ne peut jamais avoir une population trop nombreuse, & une industrie trop étendue ; l'une & l'autre sont dans tous les temps avantageuses à un Etat, soit

D iv

pour les affaires du dedans, soit pour celles du dehors. Le public & le particulier en profitent également, & la Nation est puissante dans l'intérieur & chez les étrangers. Mais la grande abondance d'argent n'a qu'un usage borné, & peut même souvent causer du préjudice à une nation dans son commerce étranger.

Un peuple en possession d'un grand commerce, paroît à la premiere inspection, pouvoir acquérir & s'attirer à lui seul les richesses du monde entier; mais tout, dans les affaires humaines, dépend heureusement d'une concurrence de causes propres à arrêter l'accroissement du commerce, & des richesses d'une nation, & à les partager successivement entre tous les peuples.

Il est très-difficile à une nation supplantée par une autre dans le commerce, de regagner le terrein qu'elle a perdu; l'industrie de ses rivaux, leur habileté dans le commerce, & les gros fonds de leurs Négociants, les mettant en état de se contenter de plus petits profits, leur donnent une supériorité presque impossible à vaincre; mais tous ces avantages sont heureusement compensés par le bas prix de la main-d'œuvre dont jouit tout Etat qui n'a pas un commerce étendu, & qui n'abonde pas en especes d'or & d'argent. Les manufactures ne restent pas toujours dans les mêmes lieux; elles abandonnent les

rovinces, & les pays qu'elles ont enrichis,
our se réfugier dans des terres nouvelles,
ù elles sont attirées par le bon marché
es denrées & de la main-d'œuvre ; elles
reftent jusqu'à ce que ces nouveaux pays
tant enrichis à leur tour, elles en soient
annies, par les mêmes caufes qui les y
nt attirées. On peut obferver en effet,
ue la grande abondance d'argent qu'un
ommerce floriffant & étendu a introduite
ans un état, y augmente la valeur de
outes les denrées & de toutes les mar-
handifes, & cette augmentation diminue
éceffairement l'étendue du commerce, en
onnant aux nations pauvres la facilité de
endre les ouvrages & les marchandifes de
eurs fabriques à meilleur marché, que ne
e peuvent faire celles qui poffédent beaucoup d'efpeces d'or & d'argent.

Cette obfervation, que je crois jufte &
fondée fur l'expérience, peut faire douter
avec raifon, de l'avantage prétendu des
banques publiques & des papiers de crédit,
en ufage chez quelques peuples, & dont
l'établiffement ne remonte pas beaucoup
au-delà d'un fiecle. L'augmentation de la
valeur des denrées & du prix de la main-
d'œuvre, eft un inconvénient inféparable
de l'accroiffement du commerce, & d'une
plus grande quantité d'efpeces d'or &
d'argent; il eft l'effet de la richeffe publique
& de la profpérité générale, objets perpétuels

des defirs des hommes. On en eft dédom
magé par les avantages que procure l
poffeffion de ces précieux métaux, & p
le crédit qu'ils donnent à une nation da
les négociations & dans les guerres étran
geres ; mais il ne peut y avoir aucun mot
raifonnable d'augmenter encore cet incon
vénient, par une monnoie fictive, qui n
peut être d'aucun ufage pour s'acquitte
avec les étrangers, & qu'un grand défordr
dans l'Etat peut réduire à rien. Il eft vra
que dans toute nation riche, il fe trouv
néceffairement un petit nombre de Citoye
qui poffédent de grandes fommes d'argent
& qui préférent de les convertir en un
efpece de monnoie, dont le tranfport e
plus facile & la confervation expofée
moins de dangers. Mais les Banquier
particuliers peuvent remplacer à cet égar
les banques publiques, ainfi que le fai
foient autrefois les Orfevres à Londres
& que les Banquiers le font encore
Dublin. La néceffité d'une banque dan
tout Etat opulent, peut déterminer le
Miniftres à en établir une, dont la régie
foit confiée à des Adminiftrateurs entiérement dépendants du Gouvernement avec
lequel ils en partagent le bénéfice ; mais
il ne peut jamais être de l'intérêt d'aucune
nation commerçante d'augmenter fon crédit
factice, dont l'effet néceffaire eft de porter
l'argent au deffus de fa proportion naturelle,

d'obliger le négociant & le manufac-
urier à acheter plus cher des propriétaires
des ouvriers, les denrées & la main-
'œuvre, fans lefquelles ils ne peuvent
ontinuer leur commerce. On doit donc
onvenir, dans ce point de vue, que la
anque publique la plus avantageufe à une
ation, feroit celle qui, (*contre l'ufage*
rdinaire de ces fortes d'établiffemens,)
mple dépofitaire des fommes qui y feroient
ortées, ne les reverferoit pas dans le public.
ne banque telle que je la propofe, dé-
uiroit l'agiotage, & les gains exceffifs
es Banquiers ; & quoique les appointe-
ents des Directeurs & des Commis de
ette banque fuffent une charge pour l'Etat,
car il eft néceffaire dans ce projet, qu'elle
e faffe aucun profit,) le gouvernement
n feroit avantageufement dédommagé,
ar le bas prix de la main-d'œuvre, &
deftruction du papier de crédit. D'ailleurs
es grandes fommes d'argent dépofées dans
es caiffes de la banque, feroient une
effource toujours prompte & affurée dans
es temps malheureux, & lorfque l'Etat
eroit menacé d'un grand danger ; & ce
u'on en tireroit dans ces circonftances
ritiques pourroit y être remplacé à loifir,
ans les temps heureux de paix & de tran-
uillité.

Le papier de crédit fera la matiere d'une
utre differtation ; je vais propofer &

développer dans celle-ci deux obſervation
qui peuvent occuper nos politiques ſpécu
latifs ; c'eſt à eux ſeuls que je m'adreſſe ; j
veux bien m'expoſer au ridicule attach
dans ce ſiecle au rôle de philoſophe, ſan
y ajouter encore celui d'*homme à ſyſtême*
& à projets. Anacharſis le Scithien, qu
vivoit dans un pays où les eſpeces d'or
d'argent n'étoient d'aucun uſage dans l
commerce, ſoutenoit avec raiſon que ce
deux métaux ne pouvoient être utiles au
Grecs que pour les opérations de compt
& d'arithmétique. Il eſt évident, en effet
que l'or & l'argent, en ne les conſidérai
que comme monnoie, ne ſont autre choſ
que la repréſentation du travail & de
marchandiſes, & ne ſervent que de meſur
pour les apprécier & les eſtimer ; & qu
dans les pays où les eſpeces ſont en plu
grande abondance, il en faut davantag
pour repréſenter la même quantité d
denrées & de travail. Je crois qu'on peu
comparer l'argent aux chiffres Romain
ou Arabes, que les marchands peuvent employer indifféremment dans leurs comptes ;
mais les chiffres Romains exigent plus de
caractéres, & leur uſage demande plus de
peines & de ſoins ; il en eſt de même
de la plus grande quantité d'eſpeces, dont
l'abondance exige des ſoins & des peines
pour les garder & les tranſporter ; il faut
convenir cependant que depuis la décou-

erte des tréfors de l'Amérique, l'induftrie
augmenté chez tous les peuples de
Europe, à l'exception de ceux qui poffé-
ent des mines dans le nouveau monde ;

quoique la nouvelle quantité d'or &
'argent répandue dans l'Europe ne foit
as la caufe unique de cette augmentation
le l'induftrie, il y a tout lieu de croire
u'elle y a beaucoup contribué ; on peut
'appercevoir, en effet, d'un changement
arqué dans tous les Etats où les efpeces
ommencent à devenir plus communes ; le
ravail & l'induftrie y acquiérent de l'acti-
ité, le négociant y devient plus entrepre-
ant, le fabricant plus laborieux & plus
adroit, le laboureur lui-même y conduit
fa charrue avec plus d'attention & moins
de trifteffe. Il eft difficile d'expliquer tous
ces effets lorfqu'on ne fait attention qu'à
la plus grande abondance des efpeces, qui
ne peuvent fe répandre dans un Etat, qu'en
y augmentant le prix de toutes les denrées
& de toutes les marchandifes, & en obligeant les confommateurs à donner un plus
grand nombre de pieces blanches ou jaunes,
pour fe les procurer ; mais l'augmentation
du prix de la main-d'œuvre, fuite néceffaire de la grande quantité des efpeces,
eft certainement contraire au progrès du
commerce étranger, & lui porte le plus
grand préjudice.

Ce phénomene fingulier ne peut

s'expliquer qu'en obſervant, que, quoique
l'augmentation de valeur de toutes les
marchandiſes ſoit la ſuite néceſſaire de celle
de la quantité d'or & d'argent, cependant
l'accroiſſement dans la valeur des denrées
& des marchandiſes ne ſe fait pas ſubite-
ment, il n'arrive au contraire que ſuccéſ-
ſivement & lorſqu'il s'eſt écoulé un eſpace
de temps aſſez conſidérable pour donner
nouvelles eſpeces celui de circuler dans
toutes les parties de l'Etat, & de ſe répandre
dans toutes les claſſes du peuple. On ne peut
appercevoir aucun changement dans les
premiers moments, où une nouvelle quantité
d'eſpeces s'introduit dans une nation, il
n'arrive qu'inſenſiblement & par degrés;
une marchandiſe enchérit, & enſuite une
autre, juſqu'à ce qu'enfin il s'établiſſe
généralement, & dans toutes les eſpeces
de denrées & de marchandiſes, une juſte
proportion entre leur valeur & la quantité
des nouvelles eſpeces répandues parmi le
peuple. L'augmentation de la quantité
des eſpeces d'or & d'argent n'eſt favorable
à l'induſtrie, que dans l'intervalle qui doit
néceſſairement exiſter entre leur acquiſition
& une augmentation générale dans la
valeur de toutes les marchandiſes. Les
métaux nouvellement acquis par une Nation ne ſont alors que dans peu de mains,
& n'appartiennent qu'à un petit nombre
de perſonnes, qui cherchent ſur le champ

les employer de la maniere la plus avan-
ageufe pour eux. Lorfqu'une fociété de
lanufacturiers & de Négociants a reçu de
'or & de l'argent, en retour des mar-
handifes envoyées à Cadix, ces Manu-
acturiers & ces Négociants fe trouvent
n état d'employer plus d'ouvriers qu'au-
aravant ; les ouvriers de leur côté fe con-
entent de travailler pour des Maîtres qui
es paient exactement, & ne penfent pas à
xiger une plus forte rétribution pour le
rix de leur travail ; lorfqu'un prompt
ébit de marchandifes met le Manufactu-
ier dans le cas d'en faire fabriquer une
lus grande quantité, il eft alors obligé
our attirer les ouvriers, d'augmenter le
rix de leurs journées, & de la façon des
toffes ; mais il ne les paie davantage
ue fous la condition d'en fabriquer plus
c pieces, & de faire plus d'ouvrage dans
e même efpace de temps. L'ouvrier fe
rouvant, par ce nouvel arrangement, mieux
ayé, & ayant plus de moyens de fe pro-
urer les néceffités de la vie, fe foumet
ans peine à l'augmentation de travail &
de fatigue qu'exige de lui le Manufacturier ;
les denrées dont il a befoin & qu'il va
chercher dans le marché de la ville voifine,
ne lui coûtent que le même prix qu'auparavant, & l'augmentation du prix de fon
travail, lui donne de quoi s'en procurer une
plus grande quantité, & de meilleure qualité,

pour fon ufage & celui de fa famille.
Le Laboureur & le Maraîfcher ne tardent
pas à s'appercevoir que leurs denrées &
toutes les productions de la terre s'enlèvent
avec plus de facilité, & qu'ils en ont un
débit plus prompt; la certitude de la vente
les anime au travail, ils s'y livrent avec
ardeur & même avec une efpece de plaifir
& ils font de nouveaux efforts pour tirer
de la terre plus de productions, dont la
vente les puiffe mettre en état de fe mieux
vêtir, & d'acheter pour eux & pour leur
famille une plus grande quantité d'étoffes,
& de meilleure qualité, que celles dont
ils faifoient ufage précédemment. De fon
côté le Fabricant, dont l'induftrie eft animée par un gain multiplié & continuellement répété, ne change pas le prix de fes
marchandifes, & n'en augmente pas la
valeur, quoiqu'il foit obligé de payer les
ouvriers plus cher qu'ils ne l'étoient auparavant. Le tableau que je viens de mettre
fous les yeux du Lecteur lui repréfente la
marche des nouvelles efpeces dans toute
leur circulation; il lui eft aifé de les fuivre
& de fe convaincre qu'elles excitent le
travail dans toutes les claffes du peuple,
avant d'augmenter le prix de la main
d'œuvre, ainfi que la valeur des denrées
& des marchandifes.

Lorfqu'on fait attention aux différents
changements arrivés en France dans la
valeur

valeur des monnoies, on doit être convaincu
que la quantité des especes peut être considérablement accrüe dans un Etat, avant
que le prix de la main - d'œuvre y soit
réellement augmenté. En effet, la valeur
des denrées & des marchandises n'a pas
augmenté dans ce Royaume, aussi tôt après
l'augmentation de la valeur numéraire; ou
du moins il s'est écoulé quelque temps,
avant que l'ancienne proportion se rétablît.
Louis XIV a augmenté de trois septiemes,
dans les dernieres années de sa vie, la
valeur de toutes les especes, & à sa mort
les marchandises n'étoient augmentées que
d'un septieme. Le bled ne se vend présentement, année commune, en France,
que le même nombre de livres numéraires
qu'il s'y vendoit il y a plus de 80 ans.
L'argent n'étoit cependant pour lors qu'à
30 liv. le marc, il en vaut 50 aujourd'hui,
& on ne peut révoquer en doute que le
commerce n'ait fait entrer dans ce Royaume,
depuis cette époque, une quantité considérable d'or & d'argent.

On peut conclure de ces différentes réflexions, qu'il est indifférent pour le bonheur intérieur d'un Etat, que les especes
y soient en plus grande ou en moindre
quantité; le Gouvernement doit borner
ses soins, dans cette matiere, à empêcher la
diminution de la masse des métaux possédés
par l'Etat, & à favoriser l'introduction

E

des nouvelles especes, quelque petite qu'en
soit la quantité, parce que quelque imper-
ceptible que soit l'accroissement des métaux
dans une nation, il est le seul moyen
qui puisse y entretenir l'esprit industrieux
du peuple, & y augmenter le fonds du
travail, source unique de la puissance &
des véritables richesses. Toute nation
dont la masse des métaux diminue, est,
dans le temps de cette diminution, beaucoup plus foible & plus malheureuse que
toute autre nation moins riche en métaux,
mais dont la quantité s'accroît tous les ans.
J'ai fait observer précédemment que l'accroissement de la quantité des especes n'étoit
pas immédiatement suivi d'une augmentation proportionnée dans la valeur des
marchandises & des denrées, & qu'il
s'écouloit toujours un intervalle de temps
avant que tout eût pris son niveau. Cet
intervalle, qui existe également lorsque la
quantité des métaux diminue, est aussi
nuisible à l'industrie, qu'il lui est avantageux lorsqu'elle augmente. Dans le cas
de la diminution de la quantité des métaux,
l'ouvrier n'en éprouve aucune dans la
valeur des denrées & des marchandises
dont il a besoin; il les achete le même
prix, quoiqu'il soit moins employé par
le Manufacturier & le Négociant; le Laboureur de son côté ne trouve plus à
vendre la même quantité de grains & de

beſtiaux, quoiqu'il ſoit obligé de payer le même prix de ſon bail au propriétaire ; une langueur, & une eſpece d'engourdiſ- ſement ſe répandent dans toutes les parties de l'Etat, & annoncent une pauvreté géné- rale, toujours ſuivie de l'oiſiveté & de la mendicité.

La rareté des eſpeces eſt ſi grande dans quelques cantons de l'Europe ; (c'étoit dans les ſiecles précédents, la ſituation générale de tous les Etats de cette partie du monde,) que les Seigneurs ne trouvent pas de fer- miers qui s'obligent de payer le prix de leurs baux en argent ; & ils ſont forcés de recevoir des denrées en paiement de leurs rentes foncieres & de leurs baux. Cette forme de paiement contraint les propriétaires à conſommer eux-mêmes les denrées qui conſtituent leur revenu, & à vendre dans les marchés des villes voiſines, le ſuperflu de leur conſommation. Les Souverains de ces pays ne peuvent être également payés des impôts néceſſaires au maintien du gouvernement, qu'en denrées, dont la reproduction eſt annuelle & ſucceſſi- ve. Comme des impoſitions levées d'une ma- niere ſi incommode, ne peuvent être fort avantageuſes au Prince, il ne peut dans cette poſition être puiſſant, parce qu'il lui eſt impoſſible de ſoudoyer autant de troupes de terre & de mer, que ſi ſon pays abon- doit en or & en argent. Il y a certainement

plus de différence présentement entre la
puissance de l'Allemagne, comparée à ce
qu'elle étoit il y a trois cents ans, qu'il
n'y en a dans son industrie, sa population
& ses manufactures. Les pays qui font
partie de l'Empire, & qui sont sous l
domination de la Maison d'Autriche, n
font pas dans la balance de l'Europe, un
poids proportionné à leur étendue, leur
population & leur culture ; ce qu'on doi
attribuer à la petite quantité d'especes qu
y circulent. Cette observation paroît êtr
contradictoire avec le principe précédem
ment établi, que la quantité plus ou moin
grande d'or & d'argent est en soi mêm
indifférente. Suivant ce principe, tout Sou
verain d'un Etat peuplé & fertile devroi
être puissant, & gouverner des sujets riche
& heureux, indépendamment de l'abon
dance ou de la rareté de l'or & de l'argent
on a d'autant plus lieu de le penser, qu
ces métaux sont, par leur nature, suscep
tibles d'un grand nombre de divisions,
de sous-divisions, nécessaires à la facilit
du commerce ; & que lorsque la division
est au point de les rendre d'un poids trop
léger & expose le Propriétaire au danger
de les égarer, rien n'empêche de les allier
à un métal moins précieux, comme on le
pratique en quelques endroits de l'Europe,
& de leur donner par ce moyen un poids
plus commode pour le commerce ; ensorte

que les métaux puissent servir également
pour toutes sortes de change, quelles qu'en
soient la valeur & la quantité.

Je réponds à ces difficultés que ce qu'on
attribue à la rareté des espèces, est l'effet
des mœurs & des coutumes des habitants,
& que nous confondons à cet égard, ainsi
que cela nous arrive souvent, l'effet *néces-*
faire avec la cause. La contradiction n'est
qu'apparente, & il faut faire usage de la
réflexion pour découvrir les principes qui
peuvent concilier la raison & l'expérience.

Personne ne peut contester que la valeur
des denrées & des marchandises ne soit
toujours dans la proportion de leur quantité, avec celle des espèces d'or & d'argent,
& que tout changement considérable dans
l'une ou l'autre de ces quantités, ne pro-
duise le même effet. La grande quantité
des marchandises les fait baisser de valeur;
leur rareté en augmente le prix; de même la
grande quantité d'espèces augmente le prix
des marchandises, & leur rareté en fait
baisser la valeur. Il est évident aussi que
la quantité des marchandises & des denrées
à vendre & à acheter, & celle des espèces
en circulation, contribuent bien plus à
leur valeur, que la quantité absolue des
unes & des autres. Toutes les espèces d'or
& d'argent conservées dans les coffres forts
& retirées de la circulation, ne contribuent
en rien à la valeur des denrées & des

E iij

marchandifes, & n'y influent pas davantage
que fi elles n'exiftoient pas réellement. Il
en feroit de même fi toutes les marchandifes & toutes les defirées étoient amaffées
dans des magafins, & y étoient confervées
pour n'être jamais vendues. Dans ces deux
cas, l'argent & les marchandifes, qui par
leur nature doivent réciproquement fe
rapprocher, s'éloignent au contraire, &
s'év tant, pour ainfi dire, ne peuvent
jamais avoir d'effets relatifs. Lorfqu'il eft
queftion de former quelques conjectures
fur le prix des grains, celui que le fermier
eft obligé de fe réferver pour fa fubfiftance
& celle de fa famille, ne doit pas entrer
dans la fpéculation; fon fuperflu eft ce
qui doit feul en déterminer la valeur.

Pour appliquer ces principes à la queftion
préfente, il eft néceffaire de fe repréfenter
ces fiecles groffiers qui ont vu naître les
nations, & de les diftinguer du temps
préfent, où l'imagination confond fes
befoins avec ceux de la nature. Dans les
premiers temps de la réunion des peuples
en fociété, les hommes contents des productions de la terre ou de ces premieres
& groffieres préparations, qu'ils peuvent
eux-mêmes leur donner, fans le fecours
des connoiffances & de l'induftrie, ont
peu d'occafions de faire des échanges, &
encore moins befoin de l'argent, qui n'en
eft devenu la repréfentation, que par la

convention des nations. Le Laboureur
occupe sa famille à filer la laine de son
troupeau, & la donne à un Tisserand, dont
il reçoit une étoffe grossiere qu'il paie en
grains ou en laine. Le Charpentier, le
Serrurier, le Maçon & le Tailleur sont
également payés en denrées, & le Seigneur
lui-même, demeurant dans le voisinage
de sa terre, reçoit de son Fermier, pour
prix de son bail, une partie des denrées
qu'il recueille. La famille du Seigneur,
ses domestiques, & les étrangers qu'il
admet dans sa maison à titre d'hospitalité,
en consomment la plus grande partie; il
vend le reste dans la ville voisine, & en
retire le peu d'argent qui lui est nécessaire
pour payer ce que la terre ne lui fournit pas.

Mais lorsque les hommes commencent
à avoir des goûts plus délicats & plus
recherchés, ils quittent leurs anciennes
habitations, & ne se contentent plus des
denrées & des marchandises simples que
le voisinage leur fournit; les échanges
se multiplient, un plus grand nombre
d'especes de marchandises entre dans le
commerce pour satisfaire aux besoins réciproques, & ce commerce ne peut exister
sans argent. Les ouvriers ne peuvent plus
être payés en grains, parce qu'ils ont
d'autres besoins que celui de la simple
nourriture. Le Laboureur est obligé d'aller
au loin chercher les marchandises qui lui

E iv

font néceſſaires, & ne peut pas toujours
porter avec lui les denrées dont la vente
le met en état de payer le Manufacturier
& le Négociant. Le Propriétaire vit dans
la Capitale, ou dans un pays éloigné de
ſa Terre, & demande à être payé en or
ou en argent, dont le tranſport eſt facile.
Il s'établit des Entrepreneurs, des Manufacturiers & des Négociants de toute ſorte
de marchandiſes, & ils ne peuvent com-
mercer les uns avec les autres qu'avec des
eſpeces. Dans cet état de la ſociété, les
marchés ne ſe peuvent plus terminer qu'en
ſoldant en pieces de métal, dont l'uſage
eſt devenu bien plus commun qu'il ne
l'étoit, quelques ſiecles auparavant. Il ré-
ſulte de cette obſervation que lorſque la
quantité des eſpeces reſte la même dans
une nation, & n'y prend pas d'accroiſſement, les hommes ſe procurent à plus bas
prix les beſoins & les commodités de la
vie, dans les ſiecles d'induſtrie & de rafinement, que dans ceux où le luxe, la
délicateſſe & la police ſont inconnues. La
valeur des marchandiſes eſt toujours dans
la proportion de la quantité qu'on met
en vente, & de celle des eſpeces qui ſont
dans la circulation ; les marchandiſes &
les denrées conſommées par le propriétaire
& le cultivateur, ou données en échange
les unes contre les autres, ne ſe portant
jamais au marché, & ne donnant pas lieu

une vente réelle, font abfolument étran-
eres aux efpeces, & comme n'exiftant pas
leur égard. Cette maniere d'en faire
fage fait par conféquent baiffer la pro-
ortion de leur côté & en augmente la
aleur ; mais lorfque les efpeces font em-
loyées dans toutes les ventes, & qu'elles
nt devenues la mefure de tous les
changes, le même fonds de richeffes
ationales a plus d'efpace à parcourir ;
utes les denrées & toutes les marchandifes
nt portées dans les marchés ; la fphere
e la circulation eft agrandie, & la pro-
ortion étant baiffée du côté des efpeces,
ut doit être à meilleur marché, & la
aleur de chaque effet commerçable doit
iminuer progreffivement.

Les denrées & les marchandifes n'ont
ue triplé, ou tout au plus quadruplé de
aleur, depuis la découverte du nouveau
onde. La quantité des efpeces d'or &
'argent poffédées préfentement par toutes
es nations de l'Europe, eft cependant bien
lus que quadruplée depuis le quinzieme
iecle ; les mines de l'Amérique dont les
fpagnols & les Portugais font les feuls
offeffeurs, & le commerce des François,
es Anglois, & des Hollandois en Afrique,
ont entrer annuellement en Europe plus
de fix millions fterling d'efpeces d'or &
d'argent, dont le commerce des Indes
Orientales ne confomme pas le tiers.

L'Europe entière ne possédoit peut-être pas dans le quinzieme siecle, la valeur de soixante millions sterling en especes d'or & d'argent. Le changement des mœurs & des usages peut seul expliquer d'une maniere satisfaisante pourquoi la valeur de toutes les marchandises & de toutes les denrées n'est pas augmentée dans la même proportion que la quantité d'or & d'argent. Non seulement l'industrie de tous les peuples de l'Europe a accru le nombre des productions de tout genre, mais ces mêmes productions, augmentées en quantité, sont devenues de nouveaux objets de commerce, à mesure que les hommes se sont éloignés de leur ancienne simplicité de mœurs; & quoique cet accroissement de commerce n'ait pas été égal à celui des especes, il a cependant été assez grand, pour que les marchandises ne se soient pas fort éloignées de leur ancienne valeur.

On demandera peut-être si l'ancienne simplicité de mœurs étoit plus avantageuse à l'Etat & au public, que ce luxe & ce rafinement introduits chez toutes les nations policées; quant à moi je n'hésiterois pas à donner la préférence à la façon de vivre des peuples modernes; & en ne la considérant même que du côté de la politique, elle peut servir de nouveau motif pour l'encouragement du commerce & des

anufactures. En suppofant, en effet,
u'on vît renaître tout-à-coup fur la terre
ancienne fimplicité des mœurs, & que
s hommes, femblables à leurs ancêtres
s plus reculés, puiffent fatisfaire à tous
urs befoins, par leur propre induftrie,
celle de leur famille & de leur voifinage;
plus grande partie des fujets fera hors
'état de payer au Souverain des impôts
n efpeces d'or & d'argent; & le Prince
e pourra en exiger que des contributions
n denrées & en marchandifes, feules
cheffes dont ils font propriétaires; les
nconvéniens attachés à cette forme d'im-
ofitions font fi évidents par eux-mêmes,
u'il eft inutile d'y infifter. Le Souverain
ra réduit dans ce cas à ne demander
'argent qu'aux villes principales de fon
oyaume, comme les feuls endroits où il
uiffe être en circulation; mais ces villes
rincipales feroient hors d'état de lui
urnir des fommes auffi confidérables,
u'il lui feroit poffible d'en lever fur toute
a nation, fi les efpeces y étoient répan-
ues dans toutes les claffes du peuple; la
iminution dans le revenu public ne feroit
as feulement une preuve inconteftable du
eu de richeffes de la nation; mais la
ême quantité d'efpeces feroit infuffifante
our fournir au gouvernement autant de
narchandifes & de denrées, que dans les
emps d'induftrie & de commerce général;

parce qu'ainſi que nous l'avons obſervé
toutes les denrées & marchandiſes ſo
plus cheres dans les pays où la vente n'e
eſt pas multipliée.

La plupart des hommes, & même quel
ques Hiſtoriens ont adopté pour maxi
qu'un Etat peu riche en eſpeces d'or
d'argent ne peut jamais être, puiſſant
quoique ſa population ſoit nombreuſe
que ſon ſol ſoit fertile & bien cultiv'
Les différentes obſervations que j'ai miſ
ſous les yeux du Lecteur, doivent le d.
tromper de ce préjugé, & le convainc
qu'il eſt abſolument indifférent à un Etat
conſidéré en lui-même, de poſſéder pl
ou moins d'eſpeces. L'abondance d
hommes & des denrées conſtitue ſeule l
force réelle d'une ſociété; elle, ne peu
être affoiblie que par les mœurs & la faço
de vivre du peuple, qui en reſſerrant l'
& l'argent dans un petit nombre de mai
en empêche la circulation; l'induſtrie
le luxe les incorporent au contraire, quel
que médiocre qu'en ſoit la quantité, dan
toutes les claſſes de l'Etat, parce qu'alor
tous les particuliers en poſſédent une petit
Portion, & que par une ſuite néceſſair
les marchandiſes & les denrées diminuent
de valeur; ce qui donne au Souverain le
double avantage de faire contribuer ſe
ſujets en or & en argent, & de ſe procurer plus de denrées & de marchan-

iſes avec la même quantité de métaux.
On peut conjecturer, par la comparaiſon
u prix des marchandiſes, que les eſpeces
nt auſſi rares préſentement en Chine,
u'elles l'étoient en Europe il y a trois cents
s. Le grand nombre d'Officiers Civils &
ilitaires exiſtants dans cet Empire, ſont
pendant une preuve inconteſtable de ſa
uiſſance. Polybe nous apprend que les
vres étoient de ſon temps à ſi bon marché
Italie, qu'on pouvoit être nourri dans
s hôtelleries pour un *ſemis* par tête, ce
ui revenoit à un peu plus de trois deniers
e nôtre monnoie. Rome étoit cependant
our lors Souveraine de tout l'univers
onnu. Un ſiecle auparavant les Ambaſ-
deurs de Carthage diſoient en plaiſantant
ue les Romains étoient de tous les peuples
e la terre *les plus aiſés à vivre*, & que
eur maniere de ſe nourrir en étoit la
reuve; puiſque dans chaque repas qui
eur avoit été donné, en qualité de Mi-
iſtres étrangers, ils n'y avoient obſervé
ucune différence dans le ſervice. La
uantité plus ou moins grande des métaux
récieux, eſt donc abſolument indifférente;
eur accroiſſement ſucceſſif, & leur circulation dans l'Etat méritent ſeuls l'attention
des Légiſlateurs, & cette diſſertation peut
ſervir à donner une idée de l'influence que
l'accroiſſement & la circulation des eſpeces
peuvent avoir dans l'ordre politique. Nous

obferverons dans l'Eſſai ſur l'intérêt d
l'argent que dans cette matiere, ainſi qu
dans celle que nous venons de traiter, u
effet *néceſſaire* a été pris pour la cauſe,
qu'on a attribué à l'abondance de l'argent
ce qui n'étoit que la conſéquence du chan
gement des mœurs & des uſages des peuples

REFLEXIONS DU TRADUCTEU

IL ſeroit à deſirer que M. Hume eû
apporté plus d'ordre & de méthode dan
ſon Eſſai ſur l'Argent; il auroit évité de
apparences de contradiction, qui jettent de
l'obſcurité dans une matiere déjà difficile
à entendre par ſa nature, & qui embarraſ
ſent le Lecteur. Je crois cependant, aprè
une lecture attentive & réfléchie, de ce
Eſſai, pouvoir réduire le ſentiment de
M. Hume à ces trois propoſitions; 1°. que
l'argent n'eſt utile aux Etats, que lorſqu'il
y circule; 2°. que ſa circulation eſt la
ſuite & la conſéquence néceſſaire du commerce & du luxe; 3°. que les Etats les
plus riches & les plus commerçants doivent perdre ſucceſſivement tous leurs avantages, par l'effet même de leur commerce,
dont l'accroiſſement augmente la valeur de
toute eſpèce de denrées, de marchandiſes
& de main-d'œuvre.

Le commerce eſt l'échange réciproque

es denrées & des marchandises néceſſaires
ux hommes; & pour faciliter ces échanges
ls ont imaginé un ſigne & une meſure
ommune, que la ſolidité & la diviſibilité
es métaux leur ont offerte. Mais comme
es métaux ſont renfermés dans les entrailles
e la terre; que les mines d'où on les tire
e ſont pas également répandues dans
outes les parties du globe, & que les unes
ont plus communes que les autres, il eſt
ès-vraiſemblable que le fer & le cuivre
nt été les premiers métaux employés à
'uſage de la monnoie, & que les premieres
ſpeces d'or & d'argent ont été fabriquées
hez les peuples qui poſſédoient ces mines
récieuſes. La découverte des mines d'or
d'argent a dû faire baiſſer la valeur du
er & du cuivre, & ces précieux métaux
ont pu ſe répandre parmi les peuples qui
'en étoient pas poſſeſſeurs, que par le
ommerce & par l'échange qu'en faiſoient
es propriétaires, avec les denrées & les
archandiſes dont ils avoient beſoin. Les
euples riches en denrées & en marchan-
iſes, ont attiré parmi eux les métaux que
a nature leur refuſoit, par la même voie
ue les propriétaires des mines ſe procu-
oient les denrées & les marchandiſes dont
ils étoient privés par la nature du ſol, ou
a température du climat; leurs beſoins
éciproques les encourageoient à tirer des
ntrailles de la terre les tréſors qu'elles

renfermoient, & à cultiver sa superficie. Les
possesseurs des mines ne perdoient rien en
se privant de métaux dont la propriété ne
pouvoit satisfaire aux besoins de la nature,
& les cultivateurs acquéroient une richesse
factice, dont ils faisoient usage, pour se
procurer chez leurs voisins, également
cultivateurs, les denrées & les marchandises qu'ils ne pouvoient trouver dans
leur pays. C'est ainsi que les métaux
précieux, divisés en petites parties, se
sont répandus parmi toutes les nations,
& que les peuples cultivateurs, assurés que
la terre seroit toujours féconde, possédent
des richesses réelles & permanentes, bien
préférables à celles des propriétaires des
mines dont la fécondité n'est pas iné-
puisable.

Ce n'est donc que par le commerce que
les peuples cultivateurs & industrieux
peuvent acquérir des espèces d'or & d'argent, parce qu'aucun peuple de la terre
ne possède toutes les espèces de denrées &
de marchandises connues; les nations,
quelqu'éloignées qu'elles puissent être les
unes des autres, ont des besoins réciproques que le commerce étranger peut seul
satisfaire, & tout peuple dont l'industrie
& la culture diminuent, & qui conserve
cependant la même étendue de commerce
étranger pour se fournir chez ses voisins,
les productions que la nature lui refuse,

non

on feulement n'accroît plus la quantité de
es métaux, mais la voit au contraire di-
inuer annuellement. Toute nation com-
erçante avec les étrangers, ne peut être
ans une fituation toujours égale, par
apport à la quantité des efpeces d'or &
'argent; il eft néceffaire qu'elle l'augmente
ar fon commerce, foit avec les peuples
offeffeurs des mines, foit avec les nations
nduftrieufes & cultivatrices, mais com-
erçantes avec les pays où les mines font
ituées, ou qu'elle éprouve une diminu-
ion dans la quantité de fes efpeces; &
e crois démontré que tout peuple qui ceffe
'en acquérir, doit néceffairement tomber
ans la pauvreté.

L'accroiffement de la quantité des efpeces
l'or & d'argent dans un Etat, eft la preuve
a plus certaine de l'étendue de fon com-
erce, & je fuis très-éloigné de penfer
ue cet accroiffement, quelque grand
u'on le puiffe fuppofer, foit capable de
étruire ce même commerce. En effet,
uoique l'Europe ait peut-être reçu de
'Amérique, dans l'efpace de moins de
rois fiecles, dix fois plus d'efpeces d'or
d'argent, qu'elle n'en poffédoit avant la
écouverte de cette partie du monde;
e commerce de l'Europe eft cependant
'une tout autre étendue qu'il ne l'étoit
ans le quinzieme fiecle. L'efprit d'in-
uftrie s'eft répandu de toute part, &

F

comme le luxe n'eſt & ne peut être qu
relatif aux mœurs & aux coutumes de
ſiécles précédents, on peut dire qu'il n'e
inconnu chez aucun peuple de l'Europe
En effet, tous ſes habitants, de quelqu
pays, de quelque état & de quelqu
condition qu'ils puiſſent être, jouiſſent d
commodités & d'agréments, dont on n'avoi
pas même l'idée il y a trois cents ans, & ap
portent dans leur façon de vivre, de
délicateſſes & des rafinements, qui ſemblen
s'accroître avec le progrès du temps. L
grande étendue du commerce qui fait entrer
chez tous les peuples de nouvelles quantité
d'or & d'argent, ne ſe détruit donc pas par
lui-même; mais d'ailleurs il faut obſerver,
1°. qu'une grande partie de la quantit
d'eſpeces d'or & d'argent qu'attire le
commerce dans un Etat, y change, pour
ainſi dire, de nature, & ne fait plus
partie de la monnoie, au moyen des diver
uſages auxquels on l'emploie, tels que
l'argenterie & les ornements des Egliſes,
la vaiſſelle, les bijoux, les meubles & les
vêtements. L'uſage de la vaiſſelle n'eſt plus
un luxe chez tous les peuples, & la maſſe
des métaux convertis en vaiſſelle & en
bijoux chez les nations commerçantes, eſt
à peu près égale à la quantité des eſpeces.
2°. Les Etats conſidérés dans leur généralité, & reſpectivement les uns aux autres,
peuvent être comparés à des familles parti-

culieres, & fe gouvernent dans l'ordre économique fur les mêmes principes. Les hommes ne cherchent à acquérir de l'argent que pour fe procurer ce que leur ancien patrimoine ne pourroit leur fournir. Les Etats riches en métaux nouvellement acquis par le commerce, les emploient également à acheter dans les pays étrangers ce qui leur manque, foit en productions de la terre, foit en manufactures; & ce defir infatiable de jouir & de fe procurer ce qu'on ne trouve pas dans fon propre pays, fait fortir des Etats les plus commerçants une grande partie des efpeces que le commerce leur avoit apporté. 3°. La comparaison de la valeur des denrées & des marchandifes, tant en France qu'en ngleterre, prouve d'une maniere inconeftable qu'elles ont diminué de prix dans es deux Royaumes, bien-loin d'y être ugmentées par l'accroiffement fucceffif de a quantité des efpeces d'or & d'argent, ont le commerce a enrichi ces deux Etats; e qui peut faire préfumer, avec grande raifemblance, qu'il en eft de même dans ous les pays de l'Europe. M. Hume raporte dans fon Hiftoire d'Angleterre, à la uite du regne de Jacques Ier. mort en 625, le prix des grains, de la volaille, u gibier, de la laine, de la toile, &c. (*)

(*) On trouvera à la fuite e ces réflexions la traduction e la partie de l'hiftoire des

Stuarts, par M. Hume, qui a rapport à cet objet.

Sous le regne de ce Prince, la valeur à laquelle ces différents objets étoient portés pour lors, n'est plus la même présentement, & le peuple peut se les procurer aujourd'hui avec moins d'argent. Les Auteurs François qui ont écrit depuis quelques années sur le commerce des grains, observent tous que le prix en est fort diminué depuis quatre-vingts ans, ce qu'ils attribuent aux entraves que ce commerce a éprouvé depuis cette époque. Il y a cependant tout lieu de croire que la différence de législation sur le commerce des grains, n'a pas été la cause de cette diminution, & que les circonstances qui en ont fait baisser la valeur en Angleterre, ont dû opérer le même effet en France, ce qu'on ne peut attribuer qu'à l'accroissement des richesses de ces deux nations dont la culture s'est également perfectionnée.

Par des recherches qui ont été faite sur d'anciens regiftres de dépense de quelques Abbayes du Royaume, depuis 1670 jusqu'en 1685, on a acquis la preuve que la viande de boucherie, le beurre, les œufs, la volaille, le gibier, &c. n'ont pas, à beaucoup près, augmenté de valeur dans la proportion de celle des monnoies, que personne n'ignore être presque doublée depuis cet espace de temps. La viande de boucherie qui se vendoit dans les provinces

où ces Abbayes font fituées, 3 fols 6 den.
depuis 1670, jufqu'en 1685, ne vaut aujourd'hui que 5 fols ; le cent d'œufs de
1 liv. 7 fols, n'a monté qu'à 2 livres, la
livre de beurre vaut 9 fols, au lieu de 5
fols 9 deniers qu'elle valoit pour lors. La
valeur de la volaille, du gibier, du vin,
du cidre, &c. eft dans la même proportion.
Il eft donc démontré par l'expérience uni-
forme des deux nations, gouvernées par
des loix très-différentes, & dont le commerce n'a cefté de faire des progrès, que
l'accroiffement de la quantité des efpeces
chez un peuple n'y augmente pas le prix
des denrées de premiere néceffité, & que
par une conféquence néceffaire, le prix de
la main-d'œuvre ne doit pas y augmenter.
L'augmentation de la quantité des efpeces
d'or & d'argent augmente dans le premier
moment la valeur des marchandifes de
luxe, & c'eft à ce que je crois, le premier
effet qui réfulte de l'accroiffement fenfible
de la maffe des métaux dans un Etat. En
effet, les propriétaires de la nouvelle quantité d'argent l'emploient à acheter les chofes
rares, qui contribuent aux plaifirs & aux
commodités de la vie, ou à fatisfaire le
fafte & la vanité. La demande des denrées &
des marchandifes rares & précieufes devient
plus grande qu'elle ne l'étoit précédemment;
les cultivateurs & les ouvriers occupés de leur
production & de l'induftrie néceffaire pour

les mettre en œuvre, ne font plus affez
nombreux pour en fournir la quantité
demandée, il en réfulte néceffairement une
augmentation de valeur, tant fur les productions que fur la main - d'œuvre. Les
marchandifes & les denrées fe vendent
toujours un prix proportionné à leur quantité & à la demande qui en eft faite ; mais
cet accroiffement de valeur des denrées &
des marchandifes, excite un grand nombre
de cultivateurs & d'ouvriers à s'adonner à
leur culture & à leur fabrique. L'efpoir
du gain & le débit avantageux de ces
objets de commerce, augmentent fucceffivement le nombre des cultivateurs & des
ouvriers. Les premiers perfectionnent la
culture, & acquiérent une expérience qui
femble rendre la terre plus féconde ; les
feconds devenant plus adroits & plus in-
telligens, inventent des machines qui diminuent le travail des ouvriers. Par le
progrès du temps ces marchandifes & ces
denrées ceffent d'être rares, elles deviennent
même communes. Leur prix & leur valeur
diminuent dans la même proportion, &
l'ufage qu'en font toutes les claffes du
peuple, leur ôte fa dénomination de luxe,
& les rend même d'une efpece de néceffité. Les étoffes de foie, dont on ne peut
jouir que par la culture des mûriers,
l'adreffe des fileurs qui tirent des cocons,
la matiere précieufe qui les couvre, &

l'induſtrie des ouvriers qui l'emploient, nous offrent ce progrès de la culture & de l'art. Les premieres étoffes unies fabriquées en Europe, étoient ſans comparaiſon plus cheres que ne le ſont préſentement les chefs-d'œuvre de la fabrique de Lyon. Perſonne n'ignore que Henri II eſt le premier de nos Rois qui ait porté des bas de ſoie ; ce qui caractériſoit le plus grand luxe de ſon temps, eſt devenu le vêtement commun des plus petits bourgeois, parce que la culture des mûriers, réſervée, il y a deux ſiecles, à l'Italie & à l'Eſpagne, eſt devenue la culture ordinaire de quelques-unes de nos provinces, & que l'induſtrie a inventé une machine, dont la propriété eſt de donner à l'ouvrier la facilité de fabriquer dans un jour, ce qui exigeoit précédemment le travail d'une ſemaine. Nos potagers ſont couverts de fruits & de légumes étrangers, originaires des pays les plus éloignés, que la culture a naturaliſés parmi nous. On en peut dire autant des fleurs les plus communes dont nos jardins ſont parés. Le Pêcher, cet arbre ſi commun dans tous les potagers, & que les payſans plantent aujourd'hui dans leurs cours & dans leurs jardins, eſt originaire de Perſe. Les premieres pêches crues en Europe ont ſans doute été réſervées pour les ſouverains ; mais par la ſucceſſion du temps & les ſoins des Cultivateurs, toutes les claffes du peuple peuvent faire préfentement ufage de ce fruit. Il en eft de même des artichaux & de la plupart des légumes dont le peuple fait fa nourriture, & qui étoient vraifemblablement auffi rares en Europe il y a 3000 ans, que les ananas le peuvent être aujourd'hui.

Le luxe que produit la quantité des efpeces d'or & d'argent fe détruit par lui-même, & fe porte fur d'autres objets; mais ces changements dans les mœurs & les habitudes des hommes, qui font l'ouvrage d'un grand nombre de fiecles, n'arrivent que fucceffivement, & dans une progreffion lente & infenfible. L'abondance des efpeces d'or & d'argent, dont l'accroiffement eft plus rapide, fait hauffer prefque fubitement le prix des marchandifes de luxe; mais l'abondance de ces mêmes marchandifes ne pouvant arriver qu'après un grand nombre d'années, la diminution de leur valeur en eft beaucoup plus lente, & ne peut être obfervée que par des yeux très-attentifs. La grande quantité d'or & d'argent que le commerce fait entrer dans un Etat, n'eft donc pas contraire à ce même commerce. Loin d'augmenter le prix des denrées, des marchandifes & de la main-d'œuvre, elle les fait diminuer de valeur; fon principal effet eft donc de répandre les métaux précieux chez tous les peuples de la terre,

& en les rendant riches en especes, de les engager à prendre part eux-mêmes à un commerce qui augmente les plaisirs & les commodités des hommes, & qui peut diminuer les maux dont la plupart d'entre eux sont affligés.

EXTRAIT de l'Histoire de la Maison de STUART, par M. Hume, tome I, page 117.

LE bled & conséquemment toutes les nécessités de la vie, étoient plus cheres sous le regne de Jacques I, mort en 1625, qu'elles ne le sont présentement. Les Entrepreneurs des magasins publics étoient autorisés, par une Ordonnance de ce Prince, à acheter des grains lorsque le froment étoit au dessous de 32 schellings le quater, le seigle au dessous de 18, & l'orge au dessous de 16. Les grains qui seroient aujourd'hui très-chers à ce prix, étoient pour lors à bon marché, lorsqu'ils ne passoient pas cette valeur. Pendant la plus grande partie du regne de Jacques I, le *tod*, ou les vingt-huit livres de la plus belle laine, ont valu 33 schellings; à présent la même quantité de laine ne vaut que 22 schellings, quoique nous exportions une bien plus grande quantité d'étoffes de laine. Malgré la grande augmentation de la quantité des especes d'or & d'argent dans le Royaume, les manufactures précieuses ont plutôt diminué, qu'augmenté en valeur, au moins des progrès de l'art & de l'industrie.

Dans une Comédie de Shakespear, l'Hôtesse dit à Falstaff, que les chemises qu'elle lui a achetées sont de toile de Hollande, & qu'elles lui ont coûté huit schellings *lyard*; ce qui seroit très-cher à présent, en supposant même, contre toute vraisemblance, que la meilleure toile de Hollande, de ce temps-là, fût égale en beauté & en bonté à celle d'aujourd'hui. Un *yard* de velours étoit estimé 22 schellings, vers le milieu du regne d'Elisabeth; je n'ai pu découvrir, quelque recherche que j'aie faite, le prix de la viande de boucherie pendant le regne de Jacques I; mais comme le pain est la principale subsistance, & que son prix regle celui de toute autre espece de nourriture, nous pouvons présumer que les bestiaux étoient d'une valeur proportionnée à celle du bled. Nous devons d'ailleurs observer que le goût du siecle étoit de convertir les terres labourables en pâture, ce que les loix ne pouvoient empêcher; preuve certaine que cette nature de biens procuroit plus de revenu; & conséquemment

ue la viande de boucherie étoit, ainfi que
e pain, beaucoup plus chere qu'à préfent.

ous avons une Ordonnance du commen-
ement du regne de Charles I, qui fixe le
rix de la volaille & du gibier, & nous trou-
ons que les prix en font très-hauts. Un coq-
'Inde eft fixé à 4 fchellings & 6 fols, une
oule-d'Inde 3 fchellings, un coq faifan 6
chellings, une poule faifande 5 fchellings,
une perdrix 1 fchelling, une oie 2 fchellings,
un chapon 2 fchellings & 6 fols, une poule
fchelling & 6 fols, un lapin 8 fols, &
ne douzaine de pigeons 6 fchellings.

bfervons cependant que la ville de Lon-
res eft maintenant trois fois plus peuplée
u'elle ne l'étoit pour lors, ce qui doit
ugmenter le prix de la volaille & du
ibier; les campagnes des environs de
ondres ne pouvant plus fuffire à la con-
ommation, ce qui oblige à faire venir
a volaille & le gibier de plus loin qu'autre-
ois. La principale différence de la dépenfe
u temps préfent, comparé avec celui de
Jacques I, confifte dans les befoins ima-
ginaires des hommes, qui fe font depuis
ce temps extrêmement multipliés, & c'eft
pour cette raifon que Jacques I pouvoit
en 1625, faire plus de dépenfe qu'il n'en
feroit préfentement avec le même revenu,
quoique la différence ne foit pas auffi
grande qu'on le penfe communément.

ESSAI
SUR L'INTÉRÊ
DE L'ARGENT.

ON regarde avec raiſon le bas intérê
de l'argent comme le ſigne le plu
certain de l'état floriſſant d'une nation
& la plupart des Auteurs qui ont écrit ſu
cette matiere, penſent qu'il doit être tou
jours proportionné à la quantité plus o
moins grande, des eſpeces exiſtantes dan
une nation. Il eſt certain cependant qu
lorſque la valeur des eſpeces eſt fixée par l
loi, leur abondance, quelque grand
qu'on la ſuppoſe, ne peut avoir d'autr
effet que d'augmenter le prix de la main
d'œuvre. En effet, quoique l'argent ſoi
plus commun que l'or, & qu'on en reçoive
une plus grande quantité pour la valeu
des mêmes marchandiſes; l'intérêt d'une
ſomme prêtée en or eſt cependant égal
à celui qu'on retire d'un ſomme prêtée
en argent. Les habitants de Batavia & de
la Jamaïque retirent de leur argent un
intérêt de dix pour cent. L'intérêt légal

ſt à ſix pour cent en Portugal; la valeur
es néceſſités de la vie dans ces pays,
rouve cependant qu'ils ſont plus riches
n eſpeces que Londres & Amſterdam.

Si tout l'or de l'Angleterre diſparoiſſoit
ans le même inſtant, & que chaque
guinée fût auſſi-tôt remplacée par vingt-un
chellings, il n'y auroit aucun changement
éel dans les richeſſes du Royaume, &
'intérêt reſteroit le même; il n'y auroit
de différence que dans la matiere des
paiements, aucun ne ſe feroit en or, &
tous ſe feroient en argent. Si l'or devenoit
auſſi commun que l'argent, & l'argent
auſſi commun que le cuivre, l'Etat n'en
ſeroit pas plus riche; dans ce cas la matiere des écus & des ſchellings ſeroit jaune,
celle des ſols & des demi-ſols ſeroit blan-
che; l'eſpece de monnoie appellée guinée
n'exiſteroit plus; le commerce, les manufactures, la navigation, l'intérêt de l'argent
n'éprouveroient aucun changement. Toutes
les claſſes du peuple contracteroient enſemble ſur le même pied qu'auparavant.
La couleur des métaux, dont la circulation entretient le commerce, ſeroit donc
la ſeule différence ſenſible, & elle n'en
peut être une dans ce qui conſtitue les
richeſſes d'une nation.

Puiſqu'une augmentation de quinze
pour un dans la maſſe des eſpeces d'or &
d'argent n'apporteroit aucun changement

dans le commerce, les manufactures
l'intérêt, il est évident qu'il peut encor
moins en résulter, lorsque la nouvell
quantité de métaux ne fait que doubler
ou tripler la masse précédemment existant
La valeur des denrées & des marchandises
ainsi que le prix de la main-d'œuvre, e
augmenteront; mais cette augmentation e
plutôt imaginaire que réelle; elle est l
suite de la nouvelle introduction des mé
taux, dont l'accroissement successif exc;t
l'industrie, & influe sur la valeur d
denrées, des marchandises & du travail
jusqu'à ce qu'elle se soit établie dans l
proportion de l'abondance de l'or & d
l'argent.

La valeur de tous les objets de commerc
est quadruplée en Europe depuis la dé
couverte du nouveau monde; & il es
vraisemblable que l'or & l'argent son
augmentés dans une bien plus grande
proportion; l'intérêt n'est cependant baissé
que d'un peu plus de moitié. S'il dépendoit,
comme le prétendent quelques Auteurs, de
la quantité des métaux, il auroit baissé
dans la proportion de l'acquisition qu'en
a faite l'Europe, parce que l'effet est toujours en proportion avec la cause.

Les especes n'ont réellement qu'une
valeur fictive, fondée sur le consentement
& la convention des hommes; leur abondance plus ou moins grande n'est d'aucune

onféquence, dans une nation confidérée
n elle-même , & fans relation avec fes
oifins. L'abondance des efpeces , telle
u'elle puiffe être , lorfque la valeur en
ft fixée, n'a d'autre effet que d'obliger
haque citoyen à donner une plus grande
uantité de pieces de métal pour fe pro-
urer fon habillement , fes ameublements,
es équipages , & n'augmente en rien les
gréments & les commodités de la vie.
hez toute nation qui poffede beaucoup
'efpeces, celui qui emprunte pour bâtir
ine maifon , en reçoit une grande quan-
ité , parce que la pierre , le bois, le plomb,
es vitres , ainfi que le travail des Maçons
´ des Charpentiers, eft dans la même
roportion , & ne peut être payé que par
ine grande quantité d'or & d'argent ;
nais comme ces métaux ne font qu'une
epréfentation de la valeur de tous les
bjets de commerce , leur quantité, & leur
bondance , leur poids & leur couleur,
ie peuvent apporter aucun changement dans
eur valeur réelle, non plus que dans l'intérêt
u'on tire du prêt qu'on en fait. Dans tous
es cas l'intérêt eft en proportion avec la
omme de marchandifes , de denrées, &
de travail que les efpeces repréfentent ; &
cette proportion eft toujours la même , foit
que des pieces blanches ou jaunes , du
poids d'une livre ou d'une once fervent à
l'apprécier; c'eft donc en vain qu'on attribue

le taux de l'intérêt à la quantité des espece
d'or & d'argent, dont la valeur est fixé
par la loi.

L'intérêt de l'argent ne peut augmente
que lorsqu'il y a beaucoup d'emprunts,
peu de richesses pour les remplir, & d
grands profits dans le commerce. Ces tro:
circonstances réunies sont la preuve la plu
évidente du peu de progrès du commerc
& de l'industrie, mais ne prouvent pas qu
l'or & l'argent ne soient pas abondam
dans un Etat. Le bas intérêt résulte a
contraire des trois circonstances opposées
c'est-à-dire, du peu d'emprunts, des grande
richesses pour les remplir, & des profi
médiocres du commerce ; ces circonstances
qui se réunissent toujours, & qui sont l
suite infaillible de l'accroissement du com
merce & de l'industrie, ne proviennen
pas de l'augmentation des métaux ; je prou
verai cette proposition le plus clairemen
qu'il me sera possible, & je commencera
par distinguer les causes qui rendent le
emprunts plus ou moins nombreux dan
un Etat, & les effets qui en doiven
résulter.

La police & la population d'une nation
engendrent nécessairement l'inégalité des
propriétés, parce que chez tout peuple
policé & nombreux, une partie des sujets
possede une grande étendue de terrein,
tandis que d'autres ne sont propriétaires
que

que de très-petits cantons, & que quelques-uns font dénués de toute propriété; ceux qui poffédent plus de terres qu'ils n'en peuvent cultiver, les partagent avec ceux qui n'en ont pas, fous la condition que les cultivateurs leur donneront une partie de la récolte. C'eft ainfi que s'eft établi ce qu'on peut appeller *l'intérêt de la terre*, pour le mettre en oppofition avec *l'intérêt de l'argent*, & il exifte chez les peuples les moins policés. Tous les hommes ont des caractères différents & oppofés; les uns ne dépenfent qu'une partie de leurs revenus, & épargnent pour n'être jamais dans l'indigence, tandis que les autres confomment tout à la fois, ce qui pourroit leur fuffire pendant un long efpace de temps; mais tous ont befoin d'une occupation forcée pour les fixer; & comme un revenu certain & affuré n'en donne aucune, les propriétaires fe livrent à la recherche des plaifirs, & les prodigues font toujours dans cette claffe de citoyens, plus nombreux que les avares. L'économie & la frugalité fe trouvent rarement dans un Etat où les richeffes ne confiftent que dans la propriété des terres. Les *Emprunteurs* y font néceffairement en grand nombre, & l'intérêt de l'argent y eft très-haut; les habitudes, les mœurs du peuple, & les emprunts plus ou moins fréquents en réglent le taux, bien plus que la quantité des

G

éfpeces exiſtantes dans la Nation ; quand
même leur abondance feroit aſſez grande
pour qu'un œuf y fût vendu ſix ſols ; les
emprunteurs ne feroient pas moins nombreux, & l'intérêt de l'argent moins fort,
ſi l'Etat n'a point de commerce & d'induſtrie,
& ſi tout le peuple n'eſt partagé qu'en
propriétaires & en cultivateurs. Le loyer
des fermes y fera à la vérité très - conſidérable, & d'un grand revenu pour le
propriétaire ; mais ſon oſiveté & le haut
prix des denrées le rendant inférieur à ſa
dépenſe, en occaſonneront une prompte
diſſipation, & il fera également réduit à
la néceſſité d'emprunter.

Il en eſt de même du plus ou du moins
de richeſſes qui peuvent ſatisfaire à la
demande des emprunts, ſeconde circonſtance néceſſaire pour maintenir le haut
prix de l'intérêt de l'argent dans un Etat,
& que je me propoſe de conſidérer. Les
mœurs & les façons de vivre du peuple
ont à cet égard la même influence ; l'abondance ou la rareté de l'argent me paroiſſent n'y contribuer en rien. En effet, pour
qu'il y ait un grand nombre de *prêteurs*
dans un Etat, il ne ſuffit pas, & il n'eſt
même pas néceſſaire qu'il y ait une grande
quantité d'eſpèces, il n'eſt queſtion que
de pouvoir les raſſembler aiſément, & de
les faire parvenir en maſſe d'une valeur
conſidérable, entre les mains de quelques

citoyens; leur réunion en grosses sommes forme le corps des *préteurs*, & fait baisser l'intérêt; ce qui dépend uniquement des mœurs d'une nation. La masse des especes existantes dans la Grande Bretagne seroit plus que doublée, si par un miracle tous les habitants de ce Royaume se trouvoient à leur réveil, possesseurs de cinq livres sterling. Cette acquisition subite de richesses n'augmenteroit pas sur le champ le nombre des *préteurs*; il s'écouleroit quelque temps avant que les nouvelles especes se rassemblassent en sommes considérables, & l'intérêt de l'argent resteroit pendant cet intervalle au même taux qu'auparavant. Dans tout état sans commerce & sans industrie, & où le peuple n'est partagé qu'en propriétaires & en cultivateurs; les especes, quelque abondantes qu'on les suppose, ne peuvent jamais s'y rassembler en sommes considérables, & ne peuvent y donner lieu qu'à une augmentation dans la valeur de toutes les denrées & de toutes les marchandises. Le propriétaire, presque toujours prodigue, parce qu'il est oisif & sans occupation, dissipe son argent aussi-tôt qu'il le reçoit, & le malheureux paysan n'a ni les moyens, ni l'ambition d'acquérir au-delà des simples nécessités de la vie. L'augmentation du commerce & de l'industrie, & le progrès des arts, sont les seuls moyens de réunir une grande quantité

d'efpeces , de les raſſembler en ſommes
conſidérables dans quelques mains , d'augmenter le nombre des *prêteurs*, & de faire
par conſéquent baiſſer l'intérêt de l'argent.

La terre produit tout ce qui eſt néceſſaire
à l'homme , mais l'art & l'induſtrie doivent
ſe joindre à la nature , pour qu'il puiſſe
faire uſage de toutes ſes productions. Les
beſoins de la ſociété exigent qu'il y ait
entre les cultivateurs & les propriétaires,
une claſſe d'hommes , qui donnent aux
productions de la terre une nouvelle forme,
néceſſaire à la ſubſiſtance & aux commodités des uns & des autres , & qui en
retiennent une partie pour la récompenſe
d'un travail dont les cultivateurs & les
propriétaires profitent également. Dans les
premieres années de la formation des
ſociétés , les cultivateurs & les artiſans
n'ont beſoin de la médiation de perſonne
pour convenir enſemble des conditions de
leurs engagements réciproques , parce
qu'étant voiſins , & leurs deſirs ne portant
que ſur des objets de peu de valeur , ils
peuvent ſe les procurer facilement , & ſe
prêter des ſecours mutuels ; mais auſſi-tôt
que l'induſtrie a pris des accroiſſements ,
& que les hommes ſont devenus ambitieux
& avides des richeſſes, les parties les plus
éloignées d'un Etat ſe peuvent aſſiſter avec
autant de facilité que les plus voiſines ; cette
réciprocité de bons offices eſt ſuſceptible

de la plus grande variété, & peut s'étendre à tous les objets possibles. Telle a été l'origine des marchands, dont la profession est de la plus grande utilité, & même d'une nécessité indispensable dans toute société policée & nombreuse, parce qu'ils servent d'agents entre toutes les parties d'un Etat, & les rapprochent les unes des autres, malgré leur éloignement & l'ignorance où elles peuvent être de leurs besoins réciproques. Une ville renferme cinquante ouvriers en soie & en fil, & mille consommateurs d'étoffes; ces deux classes d'hommes si nécessaires l'une à l'autre, ne se rencontreront cependant que très-difficilement, jusqu'à ce qu'il se soit établi un marchand, dont la boutique soit le rendez-vous de l'ouvrier & du consommateur. Les habitants d'une province dont le fourrage est la principale production, sont riches en fromage, en beurre, & en bestiaux; mais ils manquent des grains dont la province voisine fait une récolte supérieure à sa consommation; un homme attentif & ambitieux d'acquérir des richesses, achetera des grains dans la province qui en fait d'abondantes récoltes, il y transportera en échange des bestiaux & des fromages; & en satisfaisant à leurs besoins réciproques, il deviendra leur bienfaiteur commun; les difficultés de ce commerce mutuel s'accroissent nécessairement, à la vérité, à proportion de l'augmentation

du peuple & de l'induſtrie, les agents du
commerce, c'eſt-à-dire, les marchands ſont
plus occupés, & les affaires deviennent
plus difficiles & plus compliquées, parce
qu'elles ſe diviſent, ſe ſubdiviſent, ſe
confondent & s'entremêlent avec une variété
difficile à exprimer. Le deſir du gain étant
le ſeul motif qui détermine le marchand
à embraſſer cette profeſſion, il eſt juſte &
même néceſſaire, qu'il garde pour lui une
portion conſidérable des denrées, de la
main-d'œuvre, & des marchandiſes auxquelles ſes ſpéculations ont donné une
nouvelle valeur; & ſi ſon intérêt ne l'engage
pas à les conſerver en nature, il cherchera
à les convertir en eſpeces d'or & d'argent,
qui ſont leur repréſentation commune;
il en exigera une grande quantité, ſi la
maſſe des métaux s'eſt accrue dans l'Etat,
en même temps que l'induſtrie; mais ſi
l'induſtrie ſeule a pris des accroiſſements,
la valeur de tous les objets de commerce
doit être diminuée, & une petite quantité
d'eſpeces ſera ſuffiſante pour la repréſenter.

Le deſir de l'exercice du corps & de
l'occupation de l'eſprit, eſt de tous ceux
dont l'eſpece humaine eſt agitée, le plus
conſtant & le plus inſatiable, & on peut,
avec raiſon, le regarder comme la baſe
de la plupart des paſſions. Un homme
entiérement dégagé d'affaires, & ſans
occupations ſérieuſes, court ſans ceſſe d'un

amufement à un autre, & le poids de l'oifiveté lui devient tellement infupporta-ble, qu'il oublie les malheurs où doivent l'entraîner fes dépenfes exceffives. La moindre occupation, foit de corps, foit d'efprit, femble changer fon humeur & fon caractere : il eft content, & n'eft plus tourmenté par cette foif infatiable pour le plaifir; mais fi cette occupation lui de-vient profitable, & fi le profit eft la récom-penfe de quelque induftrie particuliere, le renouvellement journalier du gain fait alors naître en lui un defir immodéré de gagner encore davantage, & il ne connoît plus de plaifir qui puiffe être comparé à celui de voir tous les jours augmenter fa fortune. Le defir du gain qui s'accroît par le gain même, & devient quelquefois exceffif, rend l'économie & la frugalité les qualités les plus ordinaires aux marchands, & on peut obferver que l'avarice eft un vice auffi commun dans la profeffion du commerce, que la prodigalité parmi les propriétaires des terres.

Le commerce accroît l'induftrie, en y faifant participer tous les membres de l'Etat, & en leur donnant les moyens de fubfifter, & de devenir utiles; il fait naître l'économie, en fourniffant de l'occupa-tion aux hommes, & en les employant à des profeffions lucratives, dont ils font uniquement occupés. Toute profeffion

induftrieufe engendre l'économie , & fait
prévaloir l'amour du gain fur celui du
plaifir. Les Avocats & les Médecins gagnent tous , à l'exception d'un très - petit
nombre, beaucoup plus qu'ils ne dépenfent;
ils ne peuvent cependant acquérir des
richeffes , qu'aux dépens des autres , & leur
fortune ne s'établit qu'en partageant celle
de quelques - uns de leurs compatriotes.
Les marchands , au contraire , ne peuvent
devenir riches qu'en augmentant l'induftrie
d'une nation, parce qu'ils font les canaux
qui la répandent dans toutes les parties
de l'Etat. Leur économie leur donne en
même temps une grande autorité fur cette
même induftrie, & les met en état d'avoir
en réferve un grand fond de denrées &
de marchandifes , dont l'échange continuel
conftitue leur revenu & forme leur propriété. Cette profeffion eft donc la plus
utile dans toute fociété policée , puifqu'elle
détruit l'oifiveté , donne naiffance à l'induftrie, & rend le peuple frugal & économe.

Un Etat fans commerce & fans induftrie
n'a pour habitants que des propriétaires
de terre , forcés continuellement par leurs
dépenfes & leur prodigalité à emprunter,
& des cultivateurs fans argent pour fournir
à ces mêmes emprunts , & fubvenir à la demande qui en eft faite. Les efpeces ne
peuvent jamais s'y raffembler en fommes
affez confidérables , pour pouvoir être

prêtées à intérêt, elles font difperfées dans
un nombre infini de mains qui les diffi-
pent auffi-tôt en dépenfes fuperflues, ou
qui les emploient à acheter les néceffités
de la vie. Le commerce feul peut les
réunir en maffes confidérables, & cet effet,
qui ne réfulte que de l'induftrie qu'il fait
naître & de l'économie qu'il infpire, eft
indépendant de la quantité des métaux
précieux circulant dans l'Etat. Le nombre
des *préteurs* qui fait diminuer l'intérêt de
l'argent, ne peut donc augmenter que
par l'accroiffement du commerce, & le
commerce ne peut augmenter fans diminuer
les profits particuliers des marchands ;
troifieme circonftance néceffaire pour produire le bas intérêt.

Le bas intérêt de l'argent & la diminution des profits particuliers des marchands
font deux événements inféparables, dépendants l'un de l'autre, & qui font la fuite
néceffaire de ce commerce étendu, qui
produit des marchands opulents, & réunit
une grande quantité d'efpeces dans les
mêmes mains. Lorfque les enfants d'un pere
enrichi par le commerce, ne lui paroiffent
pas avoir les difpofitions néceffaires pour
continuer la même profeffion, foit par
défaut de capacité, foit par ambition pour
un genre de vie plus diftingué ; il eft
ordinaire que dans ce cas le pere, fatigué
des affaires, les abandonne, retire fes

fonds du commerce, & cherche à les placer de façon qu'ils lui procurent un revenu assuré & annuel. On peut observer qu'en général les enfants ont des inclinations contraires à celles de leurs peres, & embrassent des professions différentes ; c'est par cette raison que la plupart des marchands riches quittent le commerce avant la fin de leur carriere, & qu'il est très-rare de voir les enfants des gros négociants être eux-mêmes commerçants. Les fonds retirés du commerce dans ces différents cas, sont prêtés par les propriétaires, aux personnes qui en ont besoin, & qui s'obligent de leur en payer un intérêt ; mais comme l'abondance diminue toutes les especes de valeurs, le grand nombre de commerçants qui deviennent *préteurs*, & qui cherchent à placer leurs fonds, contraint chaque particulier à se contenter d'un moindre intérêt ; & le taux en diminue nécessairement. On peut observer également que lorsque le commerce devient plus étendu, & qu'il exige de plus gros fonds, il s'éleve une rivalité entre les marchands & les négociants ; & cette concurrence, dont le public profite, donne un nouvel accroissement au commerce, en même temps qu'il en diminue les profits ; les marchands qui dans cette circonstance quittent les affaires, pour se livrer à une vie douce & tranquille, sont alors déterminés, par la médiocrité même des profits qu'ils retiroient de leur commerce, à fe contenter d'un intérêt médiocre de leur argent. Il eft donc inutile de vouloir diftinguer la caufe & l'effet dans tous les cas où l'intérêt de l'argent eft bas, & où les profits du commerce font médiocres. Ces deux événements arrivent toujours dans une nation dont le commerce eft étendu, & ils en dépendent mutuellement. Perfonne ne fe contente d'un profit médiocre dans les affaires de commerce, lorfque les fonds qu'il y emploie lui rendroient un gros intérêt, s'ils étoient placés à rente ; & perfonne n'accepte un bas intérêt de fon argent, lorfque le commerce offre à ceux qui s'y intéreffent des profits très-confidérables. Un commerce très-étendu produit toujours des retours avantageux à un Etat, & diminue les profits particuliers des négociants, en même temps qu'il fait baiffer l'intérêt de l'argent ; l'un ne peut diminuer fans que l'autre ne s'en reffente ; je puis même ajouter que les profits médiocres étant la fuite de l'augmentation du commerce, & de l'induftrie, leur médiocrité même contribue à une nouvelle augmentation de commerce, parce que les marchandifes étant à meilleur marché, la confommation en devient plus grande, & l'induftrie des ouvriers plus active. Toutes les fois quon réfléchira fur l'enchaînement des caufes & des effets, on ne pourra s'empêcher de reconnoître que le taux de l'intérêt de l'argent est, si l'on peut s'exprimer ainsi, le vrai *baromètre* d'un Etat; que sa médiocrité est un signe presque infaillible de la prospérité d'une nation, & une espece de démonstration des grands accroissements de l'industrie, dont se ressentent toutes les classes du peuple. Il n'est cependant pas impossible que le taux de l'intérêt de l'argent baisse, par un événement malheureux & imprévu; il peut arriver que la plus grande partie des négociants retirent subitement du commerce les fonds qui leur appartiennent, & qu'ils se trouvent possesseurs d'une grande quantité d'especes, qu'ils veulent mettre à l'abri des dangers du commerce. Mais alors la misere deviendra générale, le peuple sera entiérement privé d'occupations, & la pauvreté sera si grande dans toutes les parties de l'Etat, qu'il ne sera pas possible de se tromper sur la cause de ce malheur, & de ne la pas distinguer de la précédente.

Il n'est pas douteux que la même industrie qui fait baisser l'intérêt dans un Etat, y fait entrer en même temps une grande abondance de métaux; & c'est confondre l'effet nécessaire avec la cause, que d'attribuer le bas intérêt à l'abondance de l'argent. La variété des manufactures, & l'activité des marchands attirent l'argent dans un Etat de quelque lieu où il puisse être ; cet argent amaſſé entre les mains de quelques perſonnes, qui ne ſont pas propriétaires de terres, fait auſſi-tôt après baiſſer l'intérêt. Mais quoique l'abondance de l'argent & le bas intérêt ſoient la ſuite naturelle du commerce & de l'induſtrie, ils ſont cependant entiérement indépendants l'un de l'autre. Je ſuppoſe, en effet, qu'il exiſte dans la Mer Pacifique & à une grande diſtance de l'Angleterre, un peuple ſans navigation & ſans commerce étranger, poſſédant toujours la même quantité d'eſpeces d'or & d'argent, mais dont la population & l'induſtrie s'accroiſſent continuellement ; je ſoutiens que la valeur des denrées & des marchandiſes doit diminuer progreſſivement dans cette nation, parce qu'elle ne peut être établie que ſur la proportion de leur quantité avec celle des eſpeces. Un peuple dont la population & l'induſtrie augmentent perpétuellement, demandera tous les ans à la terre une plus grande quantité de productions, & aura plus d'ouvriers occupés à leur donner la forme qu'exigent les néceſſités & les commodités de la vie. Les denrées & les marchandiſes y deviendront annuellement plus abondantes & plus communes, le peuple y ſera plus riche dans les temps d'induſtrie, avec une moindre quantité d'eſpeces, que dans ceux d'ignorance & d'oiſiveté ; & il ſera néceſſaire d'en avoir une masse plus considérable pour bâtir une maison , doter une fille , acheter une terre, soutenir une manufacture , entretenir sa famille & ses domestiques, seuls motifs qui déterminent les hommes à emprunter. Le plus ou le moins d'especes dans un Etat , n'influe donc en rien sur l'intérêt de l'argent ; mais comme toute somme prêtée est une représentation d'un fond de denrées , de main-d'œuvre , & de marchandises , il est évident que l'intérêt est toujours proportionné à la quantité qui en existe dans un Etat. Les nations industrieuses sont à la vérité les plus riches en métaux précieux , lorsque leur commerce s'étend dans toutes les parties du globe ; l'abondance de l'argent & le bas intérêt y sont effectivement presque inséparables , mais il n'en est pas moins intéressant de connoître le principe , & de distinguer entre la cause & l'effet nécessaire. Les recherches de cette nature sont non seulement curieuses , mais peuvent être encore d'un usage fréquent dans l'administration des affaires publiques. Il est d'ailleurs de la plus grande utilité de perfectionner le raisonnement sur la matiere la plus importante , quoique la plupart des hommes ne la considérent qu'avec la plus grande indifférence.

Ce qui est arrivé dans quelques nations paroît être une autre source de l'erreur commune, fur la caufe du bas intérêt de l'argent. On l'a vu en effet diminuer dans tous les Etats qui ont fait une acquifition fubite d'une grande quantité d'efpeces ou de métaux précieux, & cette diminution ne s'eft pas bornée aux Etats qui ont fait cette premiere acquifition, mais elle a eu lieu également dans les Royaumes voifins, auffi-tôt que les efpeces nouvelles y ont été répandues & difperfées, & qu'elles y font devenues plus communes. *Garcillaffo de la Vega* nous apprend que l'intérêt diminua de près de moitié en Efpagne, auffi-tôt après la découverte des Indes occidentales, & perfonne n'ignore que depuis cette époque il a toujours été en diminuant dans tous les Royaumes de l'Europe. Dion rapporte qu'auffi-tôt après la conquête de l'Egypte, l'intérêt tomba à Rome de fix à quatre pour cent.

La diminution de l'intérêt de l'argent après une acquifition fubite d'efpeces ou de métaux, me paroît avoir une origine différente dans l'Etat vainqueur, & dans les Etats voifins; mais ce feroit fe tromper que de l'attribuer uniquement dans les uns & dans les autres à la nouvelle quantité d'or & d'argent qui y a été introduite.

Toutes les fois qu'un peuple vainqueur fera une acquifition d'efpeces ou de métaux, les nouvelles richeffes ne feront qu'en peu

de mains , & feront réunies en groffes
fommes, dont les propriétaires chercheront
à s'affurer un revenu certain , par achats
de terres, ou contrats à rente , & confé-
quemment on verra pendant quelque temps
dans cet Etat , tout ce qui arrive après
une grande augmentation de commerce &
d'induftrie ; les *préteurs* étant plus nombreux
que les *emprunteurs* , l'intérêt baiffera , &
cette diminution fera d'autant plus préci-
pitée , que ceux qui ont acquis la nouvelle
quantité d'efpeces font dans un pays fans
commerce & fans induftrie , & où les prêts
à intérêt font les feuls moyens de faire
valoir fon argent ; mais auffi-tôt que cette
nouvelle maffe de métaux aura été, pour
ainfi dire , *digérée* , & aura circulé dans
un grand nombre de mains , les chofes
reprendront leur ancien état ; les propriétaires des terres, & les propriétaires d'argent,
vivant dans l'oifiveté , dépenferont au-delà
de leur revenu ; les premiers contracteront
tous les jours de nouvelles dettes , & les
derniers prendront journellement fur leurs
fonds, jufqu'à ce qu'ils foient entiérement
épuifés ; la prodigalité & les dépenfes
exceffives des uns & des autres, ne feront
pas fortir les efpeces de l'Etat; on s'apper-
cevra au contraire qu'elles y font reftées
par l'augmentation du prix de toutes les
denrées & de toutes les marchandifes :
mais l'or & l'argent n'étant pas raffemblés

en

en sommes considérables, la disproportion
entre les *prêteurs* & les *emprunteurs*, repa-
oîtra telle qu'elle existoit précédemment ;
& par conséquent les emprunts ne se feront
qu'à un gros intérêt. L'histoire apprend,
en effet, que dans les premieres années du
regne de Tibere, l'intérêt de l'argent monta
à Rome à six pour cent, quoiqu'aucun
événement malheureux n'eût fait sortir l'argent de l'Italie. Sous le regne de Trajan
l'argent prêté sur hypotheque rapportoit six
pour cent en Italie, & douze pour cent en
Bithynie, sans hypotheque ; & si l'intérêt de
l'argent n'est pas remonté en Espagne au
même taux où il étoit anciennement, on
doit en attribuer la raison à la même cause
qui l'y a fait diminuer, c'est-à-dire, à la
grande quantité d'especes & de métaux,
que l'Espagne tire continuellement des
Indes, & qui fournissent aux besoins des
emprunteurs. C'est par cette cause acciden-
telle & étrangere, qu'il y a plus d'argent
réuni en masse en Espagne, & plus de
prêteurs qu'il ne devroit y en avoir dans
un Etat où il y a si peu de commerce &
d'industrie.

Ce n'est pas l'augmentation de la quantité
d'especes considérée en elle-même qui a
donné lieu à la réduction de l'intérêt en
Angleterre, en France, & dans les autres
Etats de l'Europe, où il n'y a pas de mines ;
on ne doit l'attribuer qu'à l'augmentation

H

de l'induſtrie, qui en eſt la ſuite naturelle, & qui précede toujours l'augmentation du prix de la main-d'œuvre & de la valeur des marchandiſes. Rien n'empêche d'appliquer à l'Angleterre ce que j'ai dit ſur cette nation imaginaire de la Mer Pacifique. Si on ſuppoſoit pour un moment que l'induſtrie de la Grande Bretágne ſe fût accrue ſans que l'Etat eût de commerce extérieur, la maſſe des eſpeces & des métaux ſeroit, dans cette ſuppoſition, reſtée toujours la même; la population ſeroit cependant auſſi nombreuſe qu'elle l'eſt préſentement; il y auroit dans le Royaume la même quantité de marchandiſes & de denrées; l'induſtrie, les manufaȼtures, & le commerce intérieur ſeroient au même état où ils ſont préſentement; les mêmes marchands exiſteroient avec les mêmes fonds, c'eſt-à-dire, avec la même autorité ſur la main-d'œuvre & ſur les marchandiſes, il n'y auroit de différence que dans la quantité de pieces blanches ou jaunes, qui repréſentent toutes les valeurs de la nation, & dont le nombre ſeroit fort inférieur à celui qui exiſte préſentement; circonſtance indifférente en elle-même, & qui n'intéreſſe que *les Porteurs, les Voituriers, & les Faiſeurs de coffres forts.* Le luxe, les manufaȼtures, les arts, l'induſtrie & l'économie étant dans cette ſuppoſition les mêmes qu'à préſent, il eſt évident que l'intérêt feroit également diminué, puifque cette diminution eft la conféquence néceffaire de la réunion de toutes ces circonftances, qui déterminent toujours dans un Etat les profits du commerce, & la proportion entre le nombre des *prêteurs* & celui des *emprunteurs*.

REFLEXIONS DU TRADUCTEUR.

ON ne peut douter que l'accroiffement du commerce étranger ne foit la caufe néceffaire de l'augmentation de la quantité des efpeces & des métaux dans un Etat qui ne poffede pas des mines d'or ou d'argent; & il eft également démontré que l'accroiffement du commerce étranger & de la quantité de métaux a précédé dans tous les Etats la diminution de l'intérêt de l'argent; il y a donc lieu de s'étonner que l'intérêt de l'argent foit refté en France tel qu'il a été fixé en 1665 par M. Colbert, quoique l'induftrie & le commerce de ce Royaume aient pris des accroiffements prodigieux depuis cette époque, & que la quantité de métaux & d'efpeces foit confidérablement augmentée depuis un fiecle. On doit en être d'autant plus furpris, que depuis 1576 jufqu'en 1665, c'eft-à-dire, dans l'efpace de moins de cent ans il y a eû des diminutions succeſſives dans la fixation de l'intérêt de l'argent. En effet, l'intérêt légal a été fixé au denier douze par Henri III en 1576, & aux termes de ſon Edit, on retiroit légitimement un revenu de 1666 liv. 13 ſols 4 den. d'un capital de 20000 liv. Il a été fixé par Henri IV, en 1601, c'eſt-à-dire, après un eſpace de vingt-cinq ans, au denier ſeize, & 20000 livres ne pouvoient plus produire légitimement que 1290 liv. Louis XIII, par ſon Edit de 1634, poſtérieur de trente-trois ans à celui de Henri IV, l'a réduit au denier dix-huit, & le principal de 20000 liv. ne pouvoit plus produire que 1111 liv. 2 ſols 2 den.; enfin Louis XIV, aidé des conſeils de ſon Miniſtre Colbert, l'a fixé au denier vingt, en 1665, & a réduit à 1000 liv. l'intérêt d'un principal de 20000 livres; enſorte que depuis 1576, juſqu'en 1665, c'eſt-à-dire, dans l'eſpace de quatre vingt-neuf ans le revenu des rentiers & des propriétaires d'argent a été diminué de deux cinquiemes. Ces diminutions ſucceſſives pouvoient faire préſumer en 1665, qu'il ne s'écouleroit pas un ſiecle entier ſans un changement dans la fixation de l'intérêt. Il eſt cependant reſté au même taux auquel il a été fixé il y a cent ans, & les *prêteurs* ſont traités préſentement auſſi avantageuſement qu'ils l'étoient au commencement du regne de Louis XIV, quoique le commerce foit bien plus floriffant qu'il ne l'étoit alors ; & que l'induftrie foit fort augmentée ; il eft même très-vrai-femblable que la maffe des métaux , en ne faifant aucune diftinction de la vaiffelle , des bijoux , & des efpeces d'or & d'argent, eft augmentée de plus d'un tiers dans le Royaume depuis 1665. Ce phénomene fingulier , contraire aux principes fi claire-ment expliqués par M. Hume , & à ce qui eft arrivé chez nos voifins , doit dépendre néceffairement de quelque caufe , & ne peut être l'effet du hazard : on peut en effet l'attribuer à trois principales , qui n'ont pas échappé à ceux qui ont écrit fur les matieres d'adminiftration ; la premiere de ces caufes eft la grande quantité d'affaires de finance qui ont eu lieu en France depuis l'Edit de 1665 ; la feconde confifte dans les prêts multipliés , faits par les gens de finance à l'Etat , & les gains confidérables qu'ils ont faits dans les Fermes générales & particulieres ; la troifieme enfin eft la grande quantité de matieres d'or & d'argent retirées de la circulation , & employées en vaiffelles & en bijoux.

L'intérêt de l'argent dépend néceffaire-ment de la proportion entre le nombre des *prêteurs* & celui des *emprunteurs*. Toutes les fois que les fommes demandées à titre d'emprunt excéderont celles qu'on peut prêter, l'intérêt de l'argent fera haut, &

le contraire arrivera toujours, lorsque les sommes à placer seront supérieures en masse à celles qu'on demandera à emprunter; c'est ce que signifie l'expression usitée par les Notaires de Paris, lorsqu'ils disent que *l'argent est rare ou commun*. Jusqu'à la fin du regne de Louis XIV, le Royaume a été perpétuellement agité de guerres étrangeres, dont les dépenses ont occasionné des créations multipliées de charges & d'offices, & ont donné lieu à un grand nombre d'affaires extraordinaires qui ont obligé les Traitants à avancer des sommes considérables, qu'ils ne pouvoient trouver que par la voie des emprunts. Les révolutions de la banque Royale & les opérations forcées du système de 1720, qui ont suivi immédiatement la mort de Louis XIV, ont détruit presque toutes les fortunes particulieres, & les propriétaires d'argent l'ont gardé long-temps entre leurs mains, & ont craint de s'en dessaisir; enfin depuis 1734, jusqu'en 1765, dix-sept années de guerre ont coûté un argent immense, qui a été remis au trésor royal, tant à titre de suppléments de finance exigés des pourvus des charges & offices, qu'à titre d'augmentations de fonds demandées aux gens d'affaires & aux financiers, & enfin par la conversion des cautionnements de leurs commis & employés en sommes réelles. Indépendamment de ces secours forcés, le Roi a créé un

grand nombre de rentes viageres & tonti-
nes, de billets de loterie , d'actions des
fermes & autres effets qui ont fourni aux
propriétaires d'argent,& principalement aux
Financiers , un emploi avantageux des
sommes qu'ils avoient entre les mains,
& ont soutenu l'intérêt de l'argent à un
taux, où il n'auroit pas dû rester, attendu
la grande augmentation du commerce &
des richesses du Royaume. Les gains
immenses des Financiers depuis 1724,
jusqu'en 1756, n'ont pas peu contribué à
soutenir l'intérêt de l'argent ; les profits
des affaires de finance étoient si considérables , que les financiers ne faisoient
aucune difficulté de payer un gros intérêt
des sommes qu'ils étoient obligés d'emprunter pour faire leurs fonds , & les profits
de toutes les affaires de finance les en
dédommageoient avantageusement ; ils les
partageoient même sans peine avec le
public, par le paiement des intérêts qu'ils
étoient obligés de lui payer, & on peut dire
avec vérité que les fortunes faites dans les
affaires de finance, ont contribué plus que
toute autre circonstance à soutenir l'intérêt
de l'argent.

Enfin la quantité de vaisselle & de
bijoux s'est prodigieusement accrue dans
le Royaume depuis 1665; il y a tout lieu
de penser qu'une grande partie des métaux
dont le commerce a enrichi la Nation, a

été employée à cet usage, ce qui a diminué
l'accroissement de la quantité des especes.
La fonte de vaisselle portée aux Hôtels des
Monnoies en 1759, a remis dans la circulation, & a converti en especes une partie
considérable de matieres, dont le commerce
étoit privé; cette opération a rassemblé des
sommes assez considérables dans quelques
mains & a fait augmenter un peu le
nombre des *prêteurs*, d'autant plus que la
crainte qui s'est emparée de tous les esprits,
à l'occasion des Lettres-Patentes de 1759,
& de l'invitation de porter la vaisselle à la
monnoie, en a fait fondre chez les Orfevres
une quantité au moins égale à celle qu'on
a portée aux Hôtels des monnoies. Il y a
tout lieu de croire que le public a acquis
par cette opération un fonds d'environ
cinquante millions d'especes monnoyées
circulantes depuis cette époque. L'effet s'en
fait ressentir, par la facilité avec laquelle
le Clergé emprunte dans le moment présent
les douze millions qui lui sont demandés
par le Roi, ce qu'on ne devoit pas espérer,
attendu le peu d'intervalle qui s'est écoulé
depuis les préliminaires de la paix, signés
au mois d'Octobre 1762.

Les affaires extraordinaires de finance
qui ont eu lieu en France depuis 1665,
les prêts faits au Roi par les financiers,
leurs gains considérables, & enfin la grande
quantité de vaisselle & de bijoux fabriqués

depuis cette époque, me paroissent être les causes nécessaires qui ont soutenu l'intérêt de l'argent dans ce Royaume, malgré la grande augmentation de son commerce, & la quantité de métaux que ce même commerce y a attiré depuis un siecle. Il est très-vraisemblable que le commerce de la France se soutenant, & prenant des accroissements proportionnés à celui de ses voisins, l'intérêt de l'argent y baissera de lui-même, & que les *prêteurs* se trouvant en tout temps plus nombreux que les *emprunteurs*, il y aura nécessairement une diminution dans le prix de l'intérêt. Tous les Auteurs politiques s'accordent à dire que ce moment fortuné ne peut être trop accéléré; qu'il sera l'époque de la puissance du Royaume, & le vœu de la nation paroît demander une loi qui fixe l'intérêt de l'argent à un taux au dessous de celui où il est présentement.

Cette opération a été tentée à deux fois différentes, depuis la mort de Louis XIV. L'intérêt de l'argent a été fixé au denier 50 en 1720, porté au denier 30 en 1724, & enfin rétabli au denier 20 en 1725. La fixation au denier 50 ne pouvoit pas subsister long-temps; elle étoit la suite des opérations forcées du système, & trop onéreuse aux propriétaires des rentes, dont le revenu se trouvoit diminué de plus de moitié. Cette fixation a pu être nécessaire

jusqu'en 1724 , pour soutenir les effet
royaux, dont ceux qui avoient été traité
le plus favorablement avoient été réduit
au denier 40 , & il étoit juste, après u
temps de troubles & de révolutions dan
les finances, & lorsque la fortune de tou
les citoyens se trouvoit assurée, de remettre
plus d'égalité entre les propriétaires des
terres, & les possesseurs d'argent , & c'est
sur ces principes que l'intérêt fut fixé en
1724 au denier 30, & qu'une somme principale de 20000 livres ne pouvoit rapporter
légitimement que 666 livres 13 sols 4 . n.
Cette fixation d'intérêt au denier 30, or-
donnée par la Déclaration de 1724, a pu
paroître, avec raison, susceptible de quelques inconvénients. Le propriétaire des
terres étoit traité trop favorablement par
comparaison au rentier ; & quoique la
partie *rentiere* de l'Etat doive être la moins
ménagée, il est nécessaire cependant, comme
le remarque M. de Montesquieu, de la
protéger, & de ne pas donner à la partie
débitrice trop d'avantages sur elle; mais
les Ministres qui étoient pour lors à la tête
du Gouvernement paroissent avoir fait une
faute irréparable, en reprenant l'ancienne
fixation de M. Colbert; ils n'ont pas fait
attention que ce grand Ministre n'avoit
laissé qu'un intervalle de 31 ans entre la
fixation du denier 18, & celle du denier
20 qu'il avoit établie, & que s'étant écoulé

o ans, depuis la fixation de M. Colbert, le commerce ayant fait des progrès menfes, en conféquence des établiffeents de ce grand Miniftre, il étoit nécefaire de profiter de fon exemple, & de rocurer à la nation tout l'avantage d'une iminution d'intérêt, dont le commerce, a claffe induftrieufe du peuple, & les ropriétaires des terres auroient profité, u grand avantage du Royaume. La partie *entiere*, trop en fouffrance par les réductions de 1720 & de 1724, a été trop favorifée par le rétabliffement du denier 20, ordonné par la Déclaration de 1725; le denier 25 étoit celui que les circonftances où l'on fe trouvoit alors fembloient demander. La proportion étoit gardée avec les réductions précédentes, qui s'étoient faites fucceffivement & par gradation; le commerce du Royaume en auroit tiré les plus grands avantages; les propriétaires des terres auroient vu accroître leurs revenus, & l'Etat auroit épargné le quart des intérêts qu'il eft obligé de payer préfentement pour les arrérages des fommes que trois guerres confécutives ont forcé le Roi d'emprunter.

ESSAI

SUR

LES IMPOTS.

LES personnes qu'on désigne en Angleterre sous le nom de *Gens d'affaires &
de moyens*, & qu'on appelle *Financiers* en
France, établissent pour maxime *que les
nouveaux impôts, bien-loin de ruiner les
peuples, sont une source de richesses pour eux;
& que chaque augmentation du fardeau public,
augmente dans la même proportion l'industrie
de la nation.*

Cette maxime, susceptible par elle-même
des plus grands abus, est d'autant plus
dangereuse, qu'on ne peut s'empêcher d'en
reconnoître en grande partie la vérité, &
de convenir qu'en la restraignant dans des
bornes raisonnables, elle est fondée sur la
raison & sur l'expérience.

Il semble, à la première vue, que les
impôts établis sur les denrées dont le peuple
fait usage, nécessitent les pauvres à diminuer leur dépense, ou à augmenter le prix
de leurs journées & de leur travail; mais

'expérience apprend que les ouvriers forcés
ar l'augmentation des impôts, à devenir
plus laborieux & plus induſtrieux, ſont en
état de les payer, ſans exiger une plus
forte rétribution pour le prix de leur travail. Il eſt même certain que lorſque les
impôts ſont modérés, qu'on les établit
ſucceſſivement, & ſans affecter les néceſſités
de la vie, ils contribuent ſouvent à exciter
l'induſtrie d'une nation, & à lui procurer
des richeſſes, que ſa ſituation, le climat,
& la nature du ſol ſembloient lui refuſer.
On peut obſerver, en effet, que les peuples
les plus commerçants ont été dans tous les
temps renfermés dans un territoire de peu
d'étendue, & qu'ils n'ont pu devenir riches
& puiſſants, qu'en ſurmontant les différents
obſtacles que la nature leur oppoſoit. Tyr,
Athenes, Carthage, Rhodes, Gênes,
Veniſe, la Hollande ſont des exemples
frappants de la vérité de cette obſervation.
L'Hiſtoire Ancienne ne fait aucune mention de peuples commerçants & induſtrieux,
établis dans des pays auſſi fertiles & d'une
auſſi grande étendue que la Flandre,
l'Angleterre, & la Hollande. La ſituation
des Flamands, & des Anglois ſur les bords
de la mer, ainſi que la néceſſité où ils ſe
ſont trouvés d'aller chercher dans des
régions éloignées ce que le climat leur
refuſoit, ont ſans doute forcé ces nations
modernes à ſe livrer au commerce. Le

François, peuple également spirituel & entreprenant, ne s'y est appliqué que long temps après, & par une espece de réflexion sur les grandes richesses que la navigation & l'industrie avoient attirées chez ses voisins.

Les pays dont Cicéron fait mention, comme étant les plus commerçants de son temps, sont Alexandrie, Colchos, Tyr, Sidon, Andros, Chypre, la Pamphilie, la Licie, Rhodes, Chios, Bizance, Lesbos, Smyrne, Milet, Coos. Tous ces pays, à l'exception d'Alexandrie, n'étoient que de petites isles, où des cantons renfermés dans des limites très-étroites, & cette ville étoit redevable de tout son commerce à l'avantage de sa situation.

Puisque l'industrie & le commerce sont florissants dans les pays où les peuples sont obligés de se procurer des ressources contre les intempéries du climat, & la stérilité de la terre, il y a tout lieu de croire que dans les cantons plus favorisés par la nature, les impôts & les charges publiques peuvent produire le même effet. Le Chevalier Guillaume Temple n'attribue l'industrie des Hollandois, qu'à la nécessité résultante des désavantages de leur pays, & il en fait une comparaison frappante avec l'Irlande. *Dans ce pays, dit-il, l'étendue & la fertilité du sol, & le petit nombre d'habitants rendent toutes les nécessités de la*

ie à si bon marché, que deux jours de travail suffisent à un homme, pour lui faire gagner
e quoi se nourrir tout le reste de la semaine ;
& c'est la véritable cause de la nonchalance
& de la paresse dont sont accusés, avec raison,
les habitants de ce Royaume. Les hommes,
ajoute cet Ecrivain, sont naturellement portés
à préférer le repos au travail, & ne se livrent
à ce dernier que lorsqu'ils y sont contraints.
Le travail est cependant nécessaire à leur
santé & à leur bonheur, ils ne peuvent même
le quitter lorsque la nécessité leur en a fait
contracter l'habitude. Le passage du travail
journalier au repos leur est peut-être même
plus difficile à supporter, que celui du repos
habituel au travail. L'Auteur confirme
cette maxime par l'énumération des lieux
où le commerce a été plus florissant, dans
les temps anciens & modernes ; & il observe
que les peuples commerçants ont été res-
serrés dans tous les temps, dans un espace
de terrein dont le sol & le climat forçoient
les habitants à se livrer à l'industrie.

On peut également remarquer que dans
les années de disette, c'est-à-dire, dans
le temps où les grains ont une valeur au
dessus de l'année commune, (car je ne
parle pas des temps malheureux de famine,)
les pauvres sont plus laborieux, plus occupés, & se procurent avec plus de facilité
les nécessités de la vie, que dans les années
de grande abondance, où ils s'abandonnent

à l'oifiveté, & à la débauche. Beaucoup de fabricants m'ont affuré que dans l'année 1740, lorfque le pain & toutes les nécef-sités de la vie étoient d'une valeur confi-dérable, non feulement leurs ouvriers fub-fifterent aifément, mais qu'ils gagnerent affez pour payer les dettes qu'ils avoient contractées dans les années précédentes, où toutes les denrées étoient beaucoup moins cheres.

Je ne prétends pas être l'apologifte de toutes les taxes & de tous les impôts, je conviens au contraire que, femblables à l'extrême néceffité, ils détruifent l'induftrie, & réduifent le peuple au défefpoir, lorfqu'ils font exorbitants; j'avoue même qu'avant que de produire ces funeftes effets, ils augmen-tent la valeur de toutes les denrées & de toutes les marchandifes, ainfi que le prix de la main-d'œuvre. Le Légiflateur pru-dent, & animé du defir de faire le bien de fon peuple, ne doit jamais perdre de vue le degré où l'accroiffement des impôts ceffe d'être avantageux à l'induftrie de la nation, & lui devient préjudiciable; mais comme il n'eft que trop ordinaire de s'en écarter, il eft fort à craindre que les im-pôts ne fe multiplient à un tel point dans tous les Etats de l'Europe, qu'ils n'y anéantiffent à la fin toute efpece d'induftrie; l'excès fera la feule caufe de ce malheur, s'il arrive jamais, & il n'en fera pas moins vrai

rai que les impôts modérés, & répartis vec égalité, peuvent contribuer au progrès e l'induftrie.

Le choix des impôts ne peut jamais être indifférent ; il eft au contraire de la lus grande conféquence pour le bonheur & la puiffance d'une nation ; ceux qui fe levent fur les marchandifes de luxe font préférables à tous les autres, & lorfqu'ils font infuffifants, on doit y affujettir les marchandifes & les denrées de néceffité. Le peuple, quoique forcé de fe foumettre à ces impofitions, ne les paie que volontairement, parce qu'il eft le maître d'en acheter une moindre quantité; il a d'ailleurs dans cette forme d'impofition, l'avantage de les acquitter infenfiblement & par parties; il s'en apperçoit même à peine au bout de quelque temps, parce qu'il confond l'impôt avec le prix de la marchandife & de la denrée, dont la valeur eft compofée en partie du droit payé fur la confommation. Ces fortes d'impôts ne feroient accompagnés d'aucun inconvénient, fi la levée en pouvoit être faite fans frais, ou du moins avec auffi peu de dépenfe que pour ceux établis fur les propriétés. Ces derniers, quoique levés avec très-peu de frais, font plus onéreux au peuple, & moins avantageux au Prince que les premiers, & les Etats ne font obligés d'y avoir recours, que pour fuppléer au défaut

I

des autres, dont il eſt très-intéreſſan
d'éviter l'excès.

Les impôts arbitraires ſont, de tous, le
plus préjudiciables à une nation; leur répartition ne peut jamais être égale &
proportionnée aux facultés des contribuables, & devient une eſpece de *punition* de
l'induſtrie; le peuple cherche à les éviter,
en cachant ſes richeſſes, & en vivant dans
la pauvreté; ils ſont plus à charge par
leur inévitable inégalité, que par leur
poids, & il eſt ſurprenant de les voir
établis chez des peuples policés.

Les impôts perſonnels ſont, par leur
nature, dangereux; dans la ſuppoſition
même que la répartition en pût être égale
& proportionnée, par la facilité qu'ont
les Souverains d'ajouter peu à peu à la
premiere ſomme, & de la rendre avec le
temps exceſſive & inſupportable. Les droits
impoſés ſur la conſommation des denrées,
& des marchandiſes, ne peuvent jamais
être expoſés au même danger, parce que
la conſommation diminue, à meſure que
l'impôt s'accroît au deſſus de la proportion raiſonnable, & le revenu du Prince
diminue, par la raiſon qu'il a trop augmenté les droits ſur la conſommation,
dont le principal avantage conſiſte en ce
qu'ils ne peuvent jamais devenir exceſſifs
& ruineux pour une nation.

Le changement introduit par Conſtantin

ans les finances, fut une des principales
aufes de la chûte de l'Empire Romain.
'e Prince établit une capitation générale
our tenir lieu des dîmes, des douanes,
& des excifes, qui formoient précédemment le revenu de l'Empire. Les peuples
de toutes les provinces furent fi exceffive-
ment opprimés par les exactions des Re-
ceveurs publics qu'ils allerent au-devant
des Armées victorieufes des nations barbares, & fe mirent fous la protection de
Conquérants, qui, ayant peu de néceffités
& encore moins d'induftrie, offroient aux
vaincus un gouvernement préférable à la
tyrannie rafinée des Romains.

On croit communément que les impôts
de quelque nature qu'ils puiffent être &
fous quelque forme qu'ils foient levés,
retombent toujours fur le propriétaire de
la terre, qui en eft le feul & véritable
débiteur; & que tous les autres contribuables ne font qu'avancer les fommes
dont ils font remboursés par ces propriétaires. Il eft heureux que cette opinion
prévale en Angleterre, où les propriétaires
font en même temps légiflateurs; elle peut
contribuer à les empêcher de perdre de
vue les intérêts du commerce & de l'induftrie; mais j'avoue que ce principe,
avancé par un célebre écrivain, me paroît
fi contraire à la raifon, qu'une autorité

d'auſſi grand poids étoit néceſſaire pour
le faire adopter. En effet, les homme
ſont continuellement occupés du ſoin d
ſe délivrer des charges communes à tous
pour les rejetter ſur les autres; mais comme
ce deſir & cette volonté ſont dans tou
les cœurs, & que chacun ſe tient, pour
ainſi dire, ſur la défenſive, il n'eſt pas
vraiſemblable que dans cette eſpece de
combat les uns l'emportent entiérement
ſur les autres, & que le propriétaire ſoit
la victime de la partie induſtrieuſe de la
nation. On remarque, en effet, ſi on y
fait attention, que dans la ſociété les
commerçants & les propriétaires des terres
font des efforts mutuels les uns contre les
autres. Les premiers ne travaillent que
pour jouir de la récompenſe de leurs peines,
en acquérant un bien ſolide, c'eſt-à-dire,
pour placer en fonds de terre les profits
de leur commerce, ce qu'ils ne peuvent
obtenir qu'en dépoſſédant les anciens propriétaires. Ceux-ci cherchent à s'en garantir, & ils y parviennent en ne dépenſant
que leurs revenus, & en évitant de contracter des engagements & des dettes,
qu'ils ne pourroient acquitter que par la
vente de leurs terres. Ils ont la même
habileté par rapport aux impots, ils cherchent également à s'en garantir, ou du
moins à ne les pas ſupporter ſeuls, & à

n partager le fardeau avec les commerç-ants (*).

Je ne puis finir cet essai sans faire re-marquer au lecteur que les loix politiques, toujours rédigées dans la vue de remédier à un abus particulier, ou de rendre plus inviolable une regle de police, sont ordi-nairement suivis d'effets entiérement opposés aux principes qui les ont fait établir. Il en est de même en matiere d'impositions. Personne n'ignore que le Grand Seigneur jouit dans toute l'étendue de ses vastes Etats, d'un pouvoir absolu & sans bornes sur la vie & les biens de ses sujets; & ces mêmes sujets, servilement soumis à l'au-torité despotique de leur Souverain, re-gardent comme une loi fondamentale de leur gouvernement, qu'ils ne peuvent être assujettis à de nouveaux impôts, & que le Prince doit se contenter de ceux qui ont été en usage de tout temps dans son Empire. Les Turcs ont résisté à leurs Sou-verains toutes les fois qu'ils ont tenté d'enfreindre cette loi, dictée par un peuple, qui cesse d'être esclave dans cette seule circonstance; & plusieurs Sultans ont

(*) *Note de l'Auteur.*

Les Négociants, dont l'objet est de faire fortune, ne sont pas occupés du desir d'être propriétaires de tels ou tels fonds de terre; mais ils n'a-massent des richesses que dans le projet de réaliser leur ar-gent, & de se procurer des propriétés. Ils ne peuvent les acheter qu'en dépouillant l'an-cien propriétaire.

I iij

éprouvé en différentes occasions les triste
effets de leur avarice. On s'imagineroit
qu'un peuple nourri & élevé dans cette
opinion & dans ce préjugé, devroit être
celui de l'univers le plus à l'abri de l'oppression; il est cependant certain qu'il en
est tout autrement; le Sultan qui n'a aucun
moyen régulier d'accroître ses revenus,
permet aux Bachas, & aux Gouverneurs
qu'il envoie dans les provinces, d'y opprimer & d'y vexer les peuples. Il ne les
rappelle que lorsqu'ils se sont enrichis des
dépouilles de ses sujets. Alors, sous l'apparence de les punir de leurs injustices &
de leurs déprédations, il les condamne à
mort, pour s'enrichir lui-même par la
confiscation de leurs richesses. Si le Sultan
pouvoit, à l'exemple des Princes de l'Europe, lever de nouveaux impôts, dans les
cas où les besoins de l'Etat l'exigent,
l'intérêt du Souverain seroit inséparable
de celui des sujets, & il ne leur deman-
deroit que des impôts modérés; il sentiroit
alors que les impositions excessives sont
également préjudiciables au Prince & à
l'Etat. Les peuples de cet Empire recon-
noîtroient bientôt aussi qu'il leur seroit
plus avantageux de fournir à leur Souverain un secours de dix millions levés par
imposition générale, que de lui laisser
prendre un million d'une maniere aussi
inégale & aussi arbitraire.

EFLEXIONS DU TRADUCTEUR.

N ne peut s'empêcher de reconnoître la justesse des observations de M. Hume, les impôts, quelque multipliés qu'ils aient été en Europe depuis un siecle, n'ont mis aucune entrave à l'industrie, qui s'est accrue au contraire, au grand avantage du commerce général. L'or & l'argent du Nouveau Monde y ont contribué sans doute, en répandant plus d'especes dans la circulation, & en mettant les contribuables plus en état de satisfaire aux impositions demandées par les Souverains. Dans tous les temps les peuples se sont élevés contre les impôts, & ne se sont soumis qu'avec peine, soit dans les Monarchies, soit dans les Républiques, aux taxes nouvelles qui leur étoient imposées. On ne peut douter cependant que les Souverains & les Administrateurs des Etats ne se portent qu'à la derniere extrêmité à la levée de nouveaux impôts. L'or & l'argent levés sur les contribuables ne restent pas en dépôt entre les mains des Trésoriers; & dans le système présent de l'Europe, les nouveaux impôts, bien-loin d'augmenter les richesses des Souverains & des Etats, ne sont pas même suffisants pour acquitter les dettes contractées dans les temps de nécessité. En effet,

I iv

toutes les taxes imposées en France depuis cent ans, ont pour origine les dettes dont nos Rois se sont rendu succeſſivement débiteurs, pour soutenir les guerres dont l'Europe a été agitée ; & toutes les fois qu'on a augmenté les impôts ou établi de nouvelles taxes, le Gouvernement y a joint des retranchements dans les dépenses, & des réformes dans l'administration. Louis XV, beaucoup plus riche que son Prédécesseur, seroit hors d'état de dépenser en bâtiments, en fêtes, & en somptuosités, les mêmes sommes que Louis XIV y a employées dans les années brillantes de sa vie. Tout l'argent que les nouveaux impôts font entrer dans ses coffres, en reſſort auſſi-tôt pour payer les capitaux, & les intérêts des sommes prêtées à l'Etat depuis 1688 ; & on peut dire avec vérité que c'eſt moins le Roi qui leve les nouveaux impôts sur ses peuples, que la partie créanciere de ses sujets, dont les avances ne peuvent être remboursées que par la claſſe induſtrieuse & les propriétaires des terres.

Lorsqu'il s'agit d'établir un nouvel impôt, ou de lever une nouvelle taxe, le Roi eſt dans la triſte néceſſité ou de manquer aux engagements les plus légitimes, ou d'augmenter les charges de tous ses sujets ; dans cette affligeante alternative la partie créanciere obtient la préférence, avec d'autant plus de raison, qu'elle a fait

les avances à la décharge de la claffe induftrieufe, & à celle des propriétaires des
terres, auxquels on auroit demandé dans
les temps de néceffité par la voie des
impôts, les mêmes fommes que les rentiers
ont prêtées au Souverain ; d'ailleurs il ne
peut y avoir aucune comparaifon entre
la perte réfultante d'une ceffation de
paiement qui ruine des familles entieres,
& une augmentation d'impôts déjà établis,
& qui fe répartiffent en grande partie fur
les créanciers de l'Etat, dont les propriétés
& les objets de confommation ne font pas
exempts. Non feulement la juftice réclame
en faveur des créanciers de l'Etat, dans
la trifte néceffité de ne les pas payer, ou
de mettre de nouveux impôts ; mais on
doit obferver que le produit de ces mêmes
impôts ne refte pas entre les mains du
Prince pour y être refferré. Il eft au contraire répandu fur le champ & employé
à rembourfer des capitaux, ou à payer
des arrérages de rentes. La dépenfe journaliere de ceux qui reçoivent du Prince
les fommes qui leur font dues, les fait
auffi-tôt reverfer entre les mains des propriétaires des terres, & des ouvriers ; &
je crois qu'on peut foutenir avec raifon
que les dettes de l'Etat contribuent très-
fenfiblement à l'activité de la circulation
de l'argent, dont l'effet eft de vivifier
tous les canaux où il paffe. S'il étoit poffible

de supposer que les dettes du Royaume
puissent être remboursées toutes à la fois,
& que les créanciers de l'Etat fussent payés
dans le même moment de 2 milliards 500
millions qui leur sont dus, & qu'ils ont prêtés
au Roi en différents temps; il est certain
que le Royaume ne seroit ni plus riche,
ni plus pauvre qu'il l'étoit dans l'instant
précédent; mais la circulation seroit totalement arrêtée, les provinces n'auroient
plus de débouchés de leurs denrées & de
leurs marchandises; les vins de Champagne & de Bourgogne resteroient dans les
celliers des vignerons, les fabricants d'étoffes
cesseroient de travailler, l'argent disparoi-
troit des provinces, & la capitale elle-
même en seroit privée pour long-temps;
le Roi & son peuple seroient pauvres durant
plusieurs années, les provinces & la capitale
hors d'état de payer la moitié des impositions qui y sont levées dans l'état présent,
& une pauvreté générale se répandroit dans
tous les ordres des citoyens. Une chaîne
invisible, & formée par le Créateur, lie
ensemble toutes les parties d'un Etat, &
les fait correspondre mutuellement; une
seule ne peut souffrir, sans que les autres
ne s'en ressentent; elles se tiennent réciproquement & ont des dépendances mu-
tuelles, invisibles, mais démontrées par
l'expérience.

Ce seroit donc une calamité générale

dans la France, si d'un moment à l'autre elle se trouvoit libérée de ce fardeau immense de dettes sous lequel elle paroît gémir, & qui est la source fatale des impôts. Cette calamité cependant ne seroit que passagere & momentanée. Semblable à la grêle, elle ravageroit la campagne & les villes ; mais après un espace de quelques années, la circulation reviendroit, & ranimeroit les différentes classes des citoyens ; le mal ne se feroit sentir que dans l'intervalle, qui paroîtroit également long & affligeant ; les peuples regretteroient plus d'une fois le spectacle envié des créanciers de l'Etat, dont les dépenses soutiennent la circulation, & contribuent à l'aisance générale.

On peut remarquer, en effet, que les impôts, quelque multipliés qu'ils soient, n'ont pas empêché l'accroissement du luxe & de la dépense dans tous les ordres de l'Etat ; l'un & l'autre sont portés, au contraire, à un point dont nos peres n'avoient pas même l'idée. Les propriétaires des terres sont moins riches, mais leurs fermiers sont mieux habillés qu'autrefois, & les artisans des villes & de la campagne ont plus d'aisance que n'en avoient leurs peres ; les négociants & les fabricants font des fortunes moins rapides & moins considérables, que ceux du regne de Louis XIII, & de Louis XIV ; mais leur nombre

eſt quadruple de ce qu'il étoit il y a cent
ans. Les offices de judicature ſont diminués
de valeur, & les Magiſtrats d'aujourd'hui
ſeroient hors d'Etat d'acquérir des charges
ſans revenu, au même prix que les acquéroient leurs ancêtres, qui y employoient
la moitié de leur patrimoine : mais au lieu
des mules dont ſe ſervoient leurs peres
pour aller au Palais, ils y ſont conduits
dans des voitures commodes & brillantes ;
les diamants ſont la parure ordinaire de
leurs femmes, & les meubles les plus
ſomptueux ornent leurs habitations, tant
à la ville qu'à la campagne ; tout ſe reſſent
de l'aiſance & des richeſſes de la nation ;
les impôts, bien-loin de les avoir altérées,
ſemblent les avoir accrues, par la raiſon
que les ſommes qu'ils fourniſſent au Prince
ne reſtent pas dans ſes coffres, mais lui
ſervent à payer ſes créanciers, qui les
reverſent à leur tour dans tous les ordres
du peuple, au grand avantage de la circulation.

Ces reflexions paroiſſent prouver qu'il
eſt de toute vérité que les impôts en eux-
mêmes, tant qu'ils ne ſont pas arbitraires,
& que l'augmentation en eſt ſucceſſive,
ne peuvent être la ruine d'un Etat : les
peuples ne ſont écraſés que par la forme
de leur perception, & non par leur maſſe.
C'eſt le ſentiment de M. Hume, & la
France en eſt une preuve bien convain-

ante. En effet, malgré la grande augmen-
ation des impositions levées depuis quatre-
vingts ans, la nation a fait dans le même
efpace de temps des progrès furprenants
dans le commerce, & les peuples fe procurent plus facilement aujourd'hui les néceffités & les commodités de la vie. Ce
qu'on doit attribuer, 1°. au changement
de valeur de la monnoie; 2°. à la forme
des impôts nouvellement établis.

Les changements furvenus dans la valeur
des monnoies ont diminué les anciens
impôts, dans une Proportion relative à
l'augmentation des efpeces. La richeffe ne
confifte pas dans la quantité plus ou moins
grande des livres numéraires, dont les
paiements font compofés; mais dans le poids
& la quantité d'or & d'argent, qui conftitue
les paiements. Depuis 1680 jufqu'en 1690 le
marc d'argent fin monnoyé n'a valu que
28 liv. 13 fols 8 den. il eft en 1765 de
la valeur de 54 liv. 6 fols 6 den. $\frac{6}{11}$; par
conféquent un paiement de 300000 liv. ne
pouvoit fe faire en 1680 qu'avec 523 marcs
d'argent, & il n'en faut plus que 276
pour payer la même fomme en 1765. Si
le recouvrement total des impofitions payées
en 1765 étoit le même qu'en 1680, & fi
le gouvernement n'avoit pas établi depuis
cette époque de nouveaux droits, le Roi
feroit certainement bien moins riche préfentement qu'il ne l'étoit pour lors; mais

quelques impofitions ont été augmentées
en livres numéraires, & on en a établi
plufieurs qui n'exiftoient pas il y a 80 ans,
Le détail fuccinct que je me propofe de
mettre fous les yeux du Lecteur, en lui
préfentant le tableau des impofitions les
plus importantes, lui prouvera que le
hauffement des monnoies a été avantageux
au peuple, & que la claffe des fujets qui
méritent le plus de faveur, c'eft-à-dire,
les habitants de la campagne, les cultivateurs, & les ouvriers, font traités à tous
égards, bien plus favorablement qu'ils ne
l'étoient il y a près d'un fiecle.

1°. On voit dans les recherches & les
confidérations fur les finances, *Tome III,
page* 280, que la taille impofée dans les
pays d'Election en 1683, montoit à 35
millions, le marc d'argent fin valant alors,
comme on vient de l'obferver, 28 livres
13 fols 8 den. le montant de la taille
impofée dans les mêmes pays d'Election
en 1765, eft de 46 millions; & elle auroit
dû être portée à 66177000 liv. fi la proportion de la valeur des monnoies avoit
été confervée, ce qui forme en faveur des
habitants taillables du Royaume une diminution réelle de plus de 20 millions.

Il eft vrai qu'en 1683, la capitation
n'étoit pas encore établie, & que les taillables paient la plus grande partie de cette
impofition; mais il faut obferver que le

ecouvrement entier de la capitation imposée en 1765 sur tous les pays d'Election, st de 26 millions, dont il y en a au noins 8 payés par les villes exemptes de ailles, les Nobles, les Privilégiés, les Secretaires du Roi, les Officiers de sa Maison, es Tréforiers de France, les Magistrats, &c. toutes personnes que leur naissance ou leurs emplois exemptent de taille. Il résulte évidemment de ce calcul que malgré l'établissement de la capitation, les taillables, c'est-à-dire, les habitants de la campagne, paient réellement en 1765 moins de taille que leurs prédécesseurs n'en payoient en 1683.

2°. Les droits levés sur le sel ont été de tout temps regardés comme une imposition extrêmement onéreuse, principalement aux habitants de la campagne. Mais ce changement dans la valeur des monnoies a procuré à cet égard un soulagement encore plus sensible que par rapport à la taille. En effet, l'Ordonnance de 1680 fixe la valeur du minot de sel vendu dans le grenier de Paris, à 41 livres. Le marc d'argent fin valant alors 28 livres 13 sols, la même mesure de sel ne se vend en 1765, malgré toutes les augmentations de droits, de sols pour livre, &c. que 57 liv. 16 sols, au lieu de 77 liv. 14 sols que le peuple seroit obligé de la payer, si sa valeur avoit été augmentée dans la proportion de celle des monnoies; & cette différence opére en faveur du contribuable une diminution réelle d'un quart sur l'impofition. Le prix du fel eft également fixé par l'Ordonnance de 1680, dans tous les greniers, foit de vente volontaire, foit d'impofition forcée, compris dans l'étendue des grandes gabelles; la différence du prix entre les greniers eft très-peu confidérable, & les augmentations fucceffives qui ont eu lieu depuis 1680, ont été les mêmes dans tous les greniers des grandes gabelles, d'où il réfulte que toute cette partie du Royaume paie effectivement en 1765, par rapport à cette nature d'impofition, un quart moins qu'en 1680, ce qui eft d'autant plus heureux, que cette impofition eft forcée dans un grand nombre de greniers, & que la répartition ne s'en fait pas toujours avec l'exactitude & la proportion qui feroient à defirer. Le peuple dont l'impofition eft à cet égard diminuée d'un quart, a été en état d'augmenter fa confommation de fel. En effet, les perfonnes inftruites de la diftribution qui s'en fait dans les greniers, n'ignorent pas qu'elle eft accrue de plus d'un tiers depuis 1680, ce qui a réparé avec avantage le tort que le Roi s'étoit fait à lui-même en hauffant la valeur des monnoies. Le Prince reçoit préfentement, au moyen de l'accroiffement de la confommation, plus de marcs d'or

&

& d'argent qu'en 1680, & chaque contribuable lui en fournit une plus petite quantité, pour avoir la même mesure qui lui étoit vendue en 1680, un quart plus cher qu'il ne l'achete aujourd'hui.

3°. Les Droits de détail sur le Vin & sur les autres besoins qui forment la principale partie de la Ferme des Aydes, tombent entiérement sur le petit Peuple, que la médiocrité de ses facultés met hors d'état de faire des provisions, & qui est forcé par sa pauvreté même, de payer plus que les riches, parce qu'il est obligé d'aller chercher sa boisson chez les Détaillants. Les Droits de détail dans les Villages & autres Lieux non sujets aux droits d'entrée, ont été fixés par l'Ordonnance de 1680, dans la Généralité de Paris, à 6 l. 15 s. par muid de vin *vendu à Pot*, ce qui revenoit pour lors dans la proportion actuelle de la monnoie à 12 l. 15 s. cependant malgré les différentes augmentations de droits, les sols pour livre &c, ce même muid de vin ne paie en 1765, que 9 liv. 1 s. 6 d. ce qui fait une diminution réelle d'un peu plus du tiers; il est arrivé par rapport à cette imposition ce qu'on vient d'observer sur les Gabelles; la consommation du Peuple a été plus grande à proportion de la diminution du Droit, & toutes les nouvelles plantations de vignes le prouvent incontestablement. La perte que le Roi peut avoir éprou-

K

vée fur les Droits de détails par le hauffe
ment des monnoies, n'a pas été feulement
réparée par l'accroiffement de la confommation, mais fon revenu a été confidérablement augmenté par les nouveaux Droits
impofés fur le Vin & fur le Pied-fourché
à leur entrée dans Paris, & dans les principales Villes du Royaume. En effet,
par la même Ordonnance de 1680, un
muid de Vin entrant par eau dans la Ville
de Paris a été affujetti à payer 18 l. pour
tous les Droits d'entrée, ce qui revenoit
à 34 liv. 2 f. de la monnoie actuelle ; on
eft obligé en 1765 de payer 51 l. 19 f. pour
l'entrée de ce même muid de vin, & par
conféquent plus de moitié en fus de ce
qu'il en coûtoit en 1680. Il en eft de même
par rapport au Pied-fourché ; tous ces
Droits d'entrée fur un Bœuf entrant dans
la Ville de Paris, ont été fixés par l'Ordonnance de 1680 à 3 l. 4 f. ce qui revenoit
pour lors à 6 l. 1 f. de la monnoie actuelle;
ce même Bœuf paie en 1765, 15 l. 8 f. ce
qui fait une augmentation du double &
d'une moitié en fus; mais cette augmentation confidérable qu'ont produit les en-
trées de Paris dans les revenus du Roi,
ne fait aucun préjudice aux Habitants de
la campagne; ils ont au contraire été fou-
lagés par une diminution réelle fur les
fommes qu'ils payoient en Taille, & en
droits d'Aides & de Gabelles ; & il me

paroît démontré que l'augmentation de la valeur des Monnoies a été avantageuse au petit Peuple du Royaume, dont les Charges ont été réellement diminuées depuis 1680.

Le revenu du Roi est cependant considérablement augmenté depuis cette époque ; il y a été forcé pour subvenir à la défense de son Royaume , & pour s'acquitter des arrérages de Rentes que les circonstances l'ont forcé de créer. La vente exclusive du Tabac , les nouveaux droits d'entrée sur les objets de consommation des villes & principalement de Paris , l'imposition des deux Vingtiemes , forment principalement l'augmentation des revenus du Roi; mais 1°. Les Vingtiemes ne tombent en aucune façon sur le Peuple , ils ne sont payés que par les Propriétaires , la perception n'en est pas arbitraire ; on ne paie qu'à proportion de son revenu , & la partie industrieuse du Peuple , les Cultivateurs , les Ouvriers n'en ressentent pas le fardeau. 2°. Le Tabac n'est pas une denrée de nécessité , & la consommation en est absolument volontaire ; le petit Peuple & les Habitants de la Campagne consomment en général peu de tabac ; ce sont les personnes riches & aisées , & principalement les Habitants des villes qui en font usage , & s'il étoit possible de distinguer , dans les Bureaux où s'en fait la distribution , la quantité qui s'en consomme dans les villes, de celle qui est enlevée par les seuls Habitants de la Campagne, on auroit là preuve que ceux des villes achetent plus des trois quarts de la totalité du Tabac que vendent les Fermiers Généraux.

3°. Les Droits d'entrée dans les Villes, & principalement à Paris, ont été indispensablement nécessaires pour en rendre le séjour plus dispendieux, & pour retenir les Cultivateurs à la campagne; ce sont d'ailleurs les Habitants aisés de toutes conditions qui remplissent les villes; il est juste que ce soit principalement sur eux que retombent les Charges de l'Etat; le Gouvernement ne pourroit donc adopter de forme plus équitable que celle qu'il a choisie pour établir les nouvelles impositions que les circonstances ont exigées depuis 1680. Le petit Peuple, les Habitants de la campagne n'y sont pas assujettis; ils ont au contraire profité du haussement de la valeur des Monnoies, & malgré l'augmentation de la masse des Impôts & l'accroissement des revenus du Roi, ils sont réellement moins chargés d'impositions qu'ils ne l'étoient en 1680; les Propriétaires, les Personnes riches sont les seuls qui supportent le poids des nouveaux Impôts; & il en résulte une nouvelle source de circulation, qui donne à la partie industrieuse & laborieuse de la Nation, de nouvelles facilités pour subsister, & se procurer les nécessités & les commodités de la vie.

ESSAI

SUR

LE CRÉDIT PUBLIC.

LES Peuples de l'antiquité plus sages & plus prudents que les modernes, profitoient des temps de paix & de tranquillité pour former le tréfor public, & le remplir des sommes dont ils prévoyoient avoir besoin un jour, soit pour attaquer leurs ennemis, soit pour se défendre contre leurs invasions ; ils ne connoissoient pas la ressource des Impôts extraordinaires, & n'avoient pas même l'idée des Emprunts publics dont les Nations de l'Europe font un usage si fréquent. L'Histoire ancienne fait mention des sommes immenses amassées par les Athéniens, les Ptolomées & les autres successeurs d'Alexandre, & les Lacédémoniens eux-mêmes, ce Peuple si renommé par sa pauvreté & sa frugalité possédoit, au rapport de Platon, un tréfor public où l'État pouvoit prendre des sommes considérables dans les temps de nécessité & de calamité. Arian & Plutarque

K iij

font le détail des richeſſes immenſes dont
Alexandre devint poſſeſſeur par la conquête
de Suze & d'Ecbatane, & dont une partie
avoit été miſe en réſerve dès le temps de
Cyrus. Il faut ignorer entiérement l'Hiſtoire Grecque pour n'avoir pas entendu
parler des tréſors de Philippe & de Perſée
Rois de Macédoine, & l'Hiſtoire ſainte
nous inſtruit également de ceux d'Ezéchias
& de quelques autres Rois des Juifs. Les
anciennes Républiques des Gaules poſſédoient auſſi un tréſor public, & le Peuple
romain avoit des Officiers prépoſés à ſa
conſervation. Enfin, les Empereurs les plus
ſages, tels qu'Auguſte, Tibere, Veſpa-
ſien, Sévere &c. mirent en réſerve des ſommes conſidérables pour s'en ſervir dans le
beſoin, & dans le cas de quelque circonſtance imprévue. Les Peuples modernes au
contraire s'accordent tous à engager les
revenus publics; ils ne doutent pas que
leur poſtérité ne jouiſſe d'une paix inalté-
rable, qu'elle ne ſoit aſſez heureuſe, &
aſſez riche pour acquitter les dettes contractées par la génération précédente; &
comme ils ont devant les yeux l'exemple
que leurs Peres leur ont tranſmis, ils ont
une confiance égale dans leurs deſcendants,
qui plutôt par néceſſité que par choix,
ſont forcés à leur tour de ſe repoſer
également ſur la foi d'une nouvelle génération. Quoique quelques Nations aient

été affez heureufes & affez économes pour
acquitter durant la Paix les dettes contractées pendant la guerre, il n'en feroit pas
moins déraifonnable de préférer l'ufage
des Peuples modernes à celui de l'antiquité. Les anciens étoient fans contredit plus
prudents.

Les Ecrivains qui ont voulu juftifier
les Peuples modernes, prétendent qu'on
ne doit pas appliquer à l'adminiftration
politique des maximes d'économie, dont
la vérité n'eft inconteftable, que par rapport à la conduite que doivent tenir les
particuliers dans la régie de leurs affaires,
& que les richeffes d'un citoyen, quelque
grandes qu'on les fuppofe, ne peuvent jamais être mifes en comparaifon avec celles
des Etats. Je foutiens au contraire, que
cette différence n'eft pas affez grande pour
qu'on puiffe adopter des maximes fi oppofées dans leur adminiftration. Si les richeffes des Etats font incomparablement plus
grandes, leurs dépenfes néceffaires y font
proportionnées ; leurs reffources quelque
nombreufes qu'elles puiffent être ont des
bornes, & comme la durée de leur exif-
tence ne peut être comparée à celle d'un
particulier, & même d'une famille, ceux
qui font à la tête du Gouvernement ne
doivent adopter que des principes grands,
durables, nobles & propres à maintenir la
puiffance publique durant une longue fuite

K iv

de siecles. Les hommes sont forcés quelquefois par l'enchaînement d'événements singuliers, & par une espece de fatalité, à s'abandonner à la fortune & au hasard; mais tout homme, qui dès les premieres années de sa vie s'est conduit sans prudence & sans réflexions, & qui n'a eu que le hasard pour guide de ses actions, ne peut s'en prendre qu'à lui-même de ses malheurs, & n'en peut accuser que sa propre imprudence. Je conviens que les trésors publics peuvent être quelquefois nuisibles aux Etats, parce qu'ils donnent aux Souverains & à leurs Ministres des facilités pour entreprendre des expéditions imprudentes & qu'ils peuvent leur faire négliger la discipline militaire, par trop de confiance dans leurs richesses; mais les dangers résultants de l'aliénation des revenus publics, sont encore plus certains & plus inévitables. La pauvreté, l'impuissance & l'assujettissement à des Puissances étrangeres en seront la conséquence nécessaire & infaillible.

La Guerre est accompagnée chez les modernes de tous les genres de destruction, perte d'hommes, augmentation d'impôts, diminution de commerce, dissipation d'argent, pillage sur terre & sur mer. Dans l'antiquité au contraire, comme les dépenses militaires étoient prises sur le trésor public, la Guerre rendoit les especes d'or & d'argent plus communes. L'industrie en étoit encouragée, & l'augmentation des richesses circulantes étoit une espece de dédommagement des malheurs qui en font la suite inévitable. Des gens d'esprit ont cependant soutenu de nos jours que les dettes publiques, en ne les considérant qu'en elles-mêmes, & indépendamment de la nécessité qui les avoit fait contracter, étoient avantageuses aux Etats, & que même en temps de paix la création des rentes & des impôts pour les acquitter, étoit le moyen le plus sûr d'augmenter le commerce & les richesses des Nations. Des principes aussi déraisonnables & aussi absurdes ne devoient être mis que dans la classe des éloges de la folie, & de la fievre, ainsi que des panégyriques de Busiris, & de Néron, ou autres jeux d'esprit composés par des Auteurs qui ont voulu amuser leurs contemporains ; mais contre toute vraisemblance, ils ont été adoptés & soutenus par un de nos plus grands Ministres, & par un parti tout entier. Les Ecrits publiés pour soutenir un paradoxe, qui n'étoit pas même spécieux, ne pouvoient sans doute régler la conduite d'un homme aussi sensé que Milord Orford ; mais ils ont servi du moins à lui conserver des Partisans & à jeter de l'incertitude dans l'esprit de la Nation.

Je vais mettre sous les yeux du Lecteur les différents effets des Dettes publiques,

tant par rapport à l'administration intérieure d'un Etat, que par rapport aux affaires étrangeres, & leur influence sur le
Commerce, l'Industrie, la Guerre & les
Négotiations.

Les Ecrivains politiques parlent fréquem-
ment de la *circulation*, & cette expression
a été adoptée par les Auteurs François,
ce mot est selon eux *la pierre de touche* de
toute administration politique, & ils le
regardent comme une explication claire
& le point décisif de tous leurs raisonnements. J'avoue que je n'ai pu jusqu'à
présent découvrir la signification de cette
expression en matiere d'impôts & d'emprunts publics, quoique je n'aie cessé de
la chercher depuis que j'ai commencé à
réfléchir. Je ne puis concevoir, en effet,
l'avantage que peut procurer à une nation
le passage continuel de l'argent d'une
main dans une autre; & il m'est impossible
de comparer la circulation des denrées &
des marchandises, avec celle des billets de
l'Echiquier & des actions de la Compa-
gnie des Indes. L'industrie est sans doute
animée, lorsque le négociant enleve les
marchandises du manufacturier aussi-tôt
qu'elles sont fabriquées; lorsque le détailleur s'en fournit sur le champ chez le
négociant, & lorsque le consommateur
les achete promptement du détaillant; ces
différents achats réciproques, prompts &

multipliés, encouragent le manufacturier, le négociant, & le détailleur, à acheter & à fabriquer une plus grande quantité de marchandises, & à en perfectionner la qualité. Je sens qu'une circulation de cette espece ne peut être arrêtée sans danger, que dès qu'elle cesse, toutes les mains industrieuses de l'Etat sont engourdies & ne produisent plus ce qui est utile aux citoyens; mais *la galerie du Change* ne fournit aucune espece de productions & ne donne lieu qu'à la consommation *du caffé, des plumes, de l'encre, & du papier. Le Change*, & tous ceux qui le fréquentent, pourroient être ensevelis sous les eaux de la mer, sans qu'on s'apperçût d'aucune perte, & d'aucune diminution dans le commerce, ni dans la production de quelque espece de marchandises ou de denrées que ce puisse être.

Quoique le mot *circulation*, n'ait jamais été expliqué par ceux qui insistent le plus sur les avantages qui en résultent, il faut convenir cependant que les dettes nationales présentent une apparence d'utilité. Le mal est dans ce monde toujours accompagné de quelque bien; & c'est ce que je me propose d'expliquer, pour qu'on puisse en juger d'une maniere sûre & certaine.

Les effets publics sont devenus parmi nous une espece de monnoie, & sont reçus dans les paiements à un prix courant, comme l'or & l'argent. Les dépenses nécessaires pour toute entreprise utile & avantageuse, n'empêchent pas qu'il ne se trouve assez de bras pour y travailler, & tout négociant riche peut se livrer au commerce le plus étendu, parce qu'il a des fonds suffisants pour faire face aux engagements qu'il est obligé de contracter. Les billets de banque, les actions des Indes, & tous les autres papiers publics, dispensent les négociants de conserver en nature & dans leurs coffres de grosses sommes d'argent ; ces effets leur en tiennent lieu, parce qu'un quart d'heure leur suffit pour les vendre, & en recevoir la valeur en argent comptant, ou pour les engager à un Banquier. D'ailleurs ces effets, qui donnent au propriétaire un revenu annuel, ne sont pas infructueux au négociant, tant qu'ils restent dans son portefeuille ; en un mot, nos dettes nationales fournissent aux commerçants une espèce de monnoie qui se multiplie continuellement entre leurs mains, & leur donne un gain certain, indépendant de celui de leur commerce.

Il se trouve en Angleterre, ainsi que dans tous les Etats commerçants, & débiteurs de rentes & d'effets portant intérêt, une classe d'hommes dont la fortune est partagée en fonds de commerce & en rentes. Ces citoyens, moitié commerçants

& moitié rentiers, ne font qu'un commerce peu étendu, & se contentent de profits médiocres, parce que le commerce n'est pas leur seule & principale ressource, & qu'ils en ont une plus assurée pour eux & leur famille, dans les revenus publics. Si l'Etat n'étoit pas débiteur d'effets portant intérêt, les riches négociants ne pourroient réaliser & mettre leur fortune à l'abri de tout danger, qu'en achetant des terres, & les terres ne peuvent jamais leur être aussi avantageuses que les fonds publics. En effet, toute propriété de terres exige des soins & des voyages, & partage le temps & l'attention d'un négociant. Il lui est impossible dans le cas d'une spéculation avantageuse, ou d'un malheur imprévu, de convertir des fonds de terre en argent, avec la même facilité que les papiers portant intérêts, dont l'Etat est débiteur. D'ailleurs la possession des terres change bientôt le citoyen en *campagnard*, tant par les plaisirs simples & tranquilles qu'elle lui procure, que par l'autorité qu'elle lui donne sur les cultivateurs. Il y a donc tout lieu de penser que les Etats débiteurs de fonds publics, renfermeront toujours plus de riches négociants que les autres, & que les peres de famille, enrichis par le commerce, y seront moins exposés au desir de quitter cette profession. Il faut avouer, en effet, que le commerce peut dans ce cas devenir plus floriſſant, par la diminution des profits, la promptitude de la circulation, & l'encouragement de l'induſtrie (*).

Je viens d'expoſer tous les avantages que les dettes publiques peuvent procurer au commerce, & à une nation; mais ſi on les compare aux inconvénients qui en ſont inſéparables dans l'adminiſtration intérieure de l'Etat, il n'y aura plus de comparaiſon entre le bien & le mal qui en réſultent.

1°. Il eſt certain que les ſommes immenſes levées dans les provinces, pour payer les arrérages des rentes nationales, attirent dans la capitale une grande affluence d'habitants & de richeſſes; & je ne doute pas que les grands avantages des négociants de Londres, ſur ceux des autres parties du Royaume, n'y contribuent beaucoup. Il eſt peut-être de l'intérêt public que la ville de Londres perde quelques-uns des avantages qui ont contribué à un agrandiſſement, qui paroît s'accroître tous les

(*) *Note de l'Auteur.*

J'obſerverai à ce ſujet, ſans interrompre le fil du diſcours, que la multiplicité de nos dettes publiques contribue à baiſſer l'intérêt de l'argent dont le Gouvernement doit diminuer le taux dans la proportion où le nombre des prêteurs devient plus grand. Ce raiſonnement eſt contraire à la première apparence & à l'opinion commune, mais il eſt fondé ſur l'influence des profits du commerce, ſur le prix de l'intérêt.

jours, & dont on peut craindre les conséquences. La ville de Londres est à la vérité si heureusement située, que son excessive grandeur a moins d'inconvénients, qu'il n'en pourroit résulter d'une plus petite capitale dans un plus grand Royaume ; je conviens aussi qu'il y a plus de différence entre la valeur des denrées & des nécessités de la vie, achetées à Paris ou en Languedoc, qu'il n'y en a entre Londres & le Comté de Yorkshire, & que la proportion y est mieux observée. Je ne puis cependant m'empêcher de soutenir que la *tête* n'a pas de proportion avec le *corps*.

2°. Les fonds publics sont une sorte de papiers de crédit, & ont par conséquent tous les inconvénients de cette espèce de monnoie ; ils écartent l'or & l'argent des principales branches du commerce, bornent les espaces à la circulation commune, & augmentent la valeur de la main-d'œuvre & des denrées.

3°. Les impôts établis pour payer les arrérages des dettes nationales, découragent l'industrie, augmentent le prix de la main-d'œuvre, & réduisent les pauvres à la mendicité.

4°. Comme les Etrangers font partie des créanciers de l'Etat, ils nous rendent en quelque façon leurs tributaires ; & il pourroit arriver des circonstances où ils nous enleveroient notre peuple & notre industrie.

5°. La plus grande partie des fonds publics font entre les mains de citoyens oififs, qui ne vivent que de leur revenu; ils deviennent par conféquent la récompenfe de la pareffe & de l'oifiveté.

Tout Lecteur dépourvu de préjugés conviendra fans doute, à la vue du tableau que je viens de lui préfenter, que les dettes nationales font un préjudice réel au commerce & à l'induftrie; mais ce préjudice eft encore bien inférieur à celui qu'en reffent l'Etat, confidéré comme corps politique, & exiftant dans la fociété des nations, avec lefquelles il doit traiter, tant en guerre qu'en paix. Le mal eft, fous ce point de vue, pur & fans mélange de bien; aucun avantage ne peut dédommager des inconvéhients; & ce mal eft de fa nature le plus important de tous.

Il n'eft pas douteux que dans tout Etat débiteur de fommes confidérables & empruntées à intérêt, ce font les fujets eux-mêmes qui en font les principaux créanciers, & que le furplus de la nation renferme les débiteurs. Il eft également vrai que la partie débitrice s'acquitte envers le partie créanciere, en fe privant annuellement d'une portion de fon revenu, qui paffe entre les mains des rentiers. De ces deux propofitions, évidentes par elles-mêmes, on en conclud communément que les dettes d'un Etat ne peuvent jamais contribuer

à

à la foibleſſe dans l'ordre politique; que tout leur effet eſt de tranſporter l'argent de la main droite dans la main gauche; ce qui n'augmente & ne diminue la ri- cheſſe de perſonne. Ces raiſonnements & ces ſpécieuſes comparaiſons ne peuvent être adoptés que par ceux qui jugent ſans réflexions & ſans principes. Je pourrois leur ſoutenir, en employant le même rai- ſonnement & la même comparaiſon, qu'un Souverain peut exiger de ſes ſujets les im- pôts les plus exceſſifs, ſans crainte de les ruiner, & que l'Etat ſera toujours égale- ment riche & puiſſant. Cette propoſition ſeroit abſurde & extravagante, parce qu'il eſt néceſſaire dans toute ſociété, de garder des proportions, entre la partie induſtrieu- ſe & la partie oiſive ; mais cette propor- tion ſi eſſentielle à la conſervation du Corps politique ne ſubſiſtera plus, lorſque tous les impôts exiſtants actuellement, ſe trouvant aliénés & hypothéqués aux Créan- ciers de l'Etat, le Gouvernement ſera obli- gé alors pour la défenſe commune d'en établir de nouveaux, ou d'augmenter les anciens, & la maſſe en ſera ſi conſidérable & ſi exceſſive qu'elle entraînera la ruine & la deſtruction de la Nation.

Tous les Peuples ont des impôts, dont la perception eſt facile & eſt analogue aux mœurs & aux uſages des Habitants, & ils ſont levés communément ſur les denrées,

dont la confommation eft la plus ordinaire;
les droits d'excife établis fur le Malt & fur
la Biere produifent au Gouvernement d'An.
gleterre un revenu confidérable , parce que
l'opération du braffage eft difficile , & ne
peut être fecrete , & que la confommation
de la Biere n'eft pas d'une néceffité affez
abfolue, pour que le petit Peuple foit vexé
par l'augmentation de fa valeur. Si les
Créanciers de l'Etat abforboient le produit entier de ces Droits, & s'ils étoient
uniquement affectés au paiement des Dettes nationales , il feroit indifpenfable d'établir une nouvelle impofition ; mais il eft
aifé de prévoir les difficultés que le Peuple y oppoferoit ; les rigueurs qu'on feroit
obligé de mettre en ufage , pour le contraindre au paiement, & le défefpoir auquel il feroit réduit.

Tout le monde convient que les droits
établis fur les Propriétés font d'un recouvrement difficile, & qu'ils font levés avec
moins d'égalité & de proportion , que ceux
qui font impofés fur les confommations. Ce
feroit donc un grand malheur pour la Nation, fi après avoir porté ces derniers au
plus haut degré où ils puiffent monter, on
étoit obligé d'avoir recours aux impôts,
dont l'établiffement & la perception ag-
gravent encore la charge des Contribuables. Dans cette fuppofition les Propriétaires
des terres ne feront plus que les intendants

& les fermiers du Public. Et il feroit
fort à craindre que dans ce cas ils ne
miffent en ufage tous les tours d'adreffe,
que ces fortes de gens favent employer
pour tromper leurs maîtres , & que la
Société ne fût remplie de trouble & de
confufion. Eft-il poffible d'affurer encore
à la vue de tous ces maux qu'une Nation
peut, fans inconvénients, ne mettre aucunes bornes à fes Dettes , & que l'Angleterre conferveroit toute fa force & toute
fa puiffance politique , dans le cas même
où elle ajouteroit aux différentes efpeces
d'impofitions déjà établies , une nouvelle
taxe de 12 à 15 Schellings par livre fur tous
les revenus des terres. Ce ne feroit plus le
fimple tranfport de l'argent d'une main
dans une autre , tous les états feroient
confondus , la ruine & la défolation feroient générales, & la Nation entière feroit
bouleverfée.

Les Théologiens reprochent aux hommes leur indifférence fur l'obfervation de
préceptes dont ils connoiffent cependant
toute l'importance & toute la néceffité.
Les Politiques font dans le même cas que
les Théologiens par rapport aux Dettes
publiques. Les Propriétaires des rentes
n'ignorent pas que les Miniftres actuels
ou leurs fucceffeurs n'auront jamais un
fyftème d'économie affez févere & affez
fuivi pour amortir la plus grande partie de.

L ij

nos Dettes; & que les affaires de l'Europe
ne leur donneront jamais le temps de pouvoir exécuter leur projet (*). Cette indifférence fur un événement qui intéreffe notre fortune , feroit moins extraordinaire,
fi nous étions tous bons Chrétiens, entiérement réfignés aux ordres de la Providence, & détachés des biens de ce monde;
les Rentiers le prévoient, & y paroiffent
réfignés; mais ce fentiment qui a l'apparence du plus grand défintéreffement , n'eft
fondé que fur une longue habitude de jouir
du moment préfent , & fur l'efpérance qu'il
n'y aura que la poftérité de malheureufe.
Ils ont prévu dès le premier emprunt, que
les Dettes publiques feroient portées au
point où elles font préfentement, & ils ne
peuvent fe diffimuler quelle en fera la
conféquence. Il faut en effet , ou que la
Nation détruife le crédit public , ou que
le crédit public détruife la Nation. Il eft
impoffible que l'un de ces deux événe-

(*) *Note de l'Auteur.*

Dans les temps de paix &
de tranquillité, les feuls où il
foit poffible d'amortir les
dettes par des rembourfe-
ments , les rentiers ne con-
fentent pas à recevoir des
fractions de capitaux dont ils
font embarraffés de faire emploi , & les propriétaires des
terres s'oppofent à la continuation des impôts néceffaires
pour les rembourfements ; le
Miniftre voudra-t-il fuivre un
plan défagréable à tout le monde , qui n'aura l'approbation
que d'une poftérité qu'il ne
verra jamais, & d'un très-
petit nombre de contempo-
rains raifonnables, hors d'état
de lui procurer le fuffrage du
plus petit bourg du Royaume. Il n'eft pas vraifemblable
que nous ayions jamais un
Miniftre fi mauvais politique,
il ne s'en eft pas encore trouvé
jufqu'à préfent, & leur habileté a été jufques-là.

ments n'arrive , & on en fera convaincu toutes les fois qu'on réfléchira attentivement aux Dettes énormes que l'Angleterre a contractées , & au peu de précautions qui ont été prifes pour les éteindre.

Le Plan propofé il y a 30 ans par M. Hutchinfon, Citoyen très-eftimable, pour amortir toutes nos Dettes , fut approuvé par quelques perfonnes de bon fens; mais fut trouvé par le plus grand nombre impraticable dans l'exécution. M. Hutchinfon prétendoit que le Public n'étoit pas débiteur de la Dette nationale , que chaque particulier en devoit une part proportionnelle , & qu'il la payoit réellement au moyen des impôts auxquels il étoit affujetti ; enforte que la fomme payée par chaque Citoyen dans la contribution des charges publiques , ne pouvoit être regardée que comme fa part proportionnelle dans les intérêts dus aux Créanciers , & dans les frais de recouvrement. Il concluoit de ce raifonnement qu'il étoit poffible de rembourfer toutes les Dettes de l'Etat par une contribution équitable, & proportionnée à la valeur de toutes les propriétés, & de libérer en même-temps par un rembourfement général , les fonds de terre & les revenus publics. L'Auteur de ce projet ne faifoit pas attention que les ouvriers , & les pauvres hors d'état d'acquitter en un feul paiement la part dont ils font débiteurs dans les Dettes publiques, en paient cependant la plus grande partie par leur confommation; d'ailleurs les Commerçants & les Propriétaires d'argent ont toute forte de facilités pour déguifer ou cacher le véritable état de leur fortune, & les Propriétaires des Biens-fonds, foit en terres, foit en maifons, étant obligés de payer pour tout le refte de la Nation s'éleveroient avec la plus grande force contre une injuftice & une oppreffion dont il n'y a jamais eu d'exemple. On n'a pas tenté de mettre ce projet à exécution, mais il eft très-vraifemblable, que lorfque les Dettes nationales feront parvenues à leur dernier période, & lorfque leur maffe deviendra deftructive de toute efpece d'induftrie, les faifeurs de projets fe feront alors écouter, le Gouvernement effrayé adoptera leurs vifions chimériques, & comme le crédit public commencera pour lors à chanceler, le moindre mouvement fera fuffifant pour le détruire, ainfi qu'il eft arrivé en France en 1720. Je crois en ce cas pouvoir comparer fa chûte à la mort du malade qui périt par l'effet même du remede que lui donne le Médecin (*).

(*) *Note de l'Auteur.*

Quelques Etats voifins mettent en ufage un expédient fingulier pour diminuer le fardeau des Dettes publiques; les François ont coutume, à l'imitation de ce qui fe pratiquoit autrefois à Rome d'augmenter la valeur de la

Il eſt plus vraiſemblable que les Guerres, les défaites, les malheurs, les calamités
publiques & peut-être même les conquêtes, & les victoires, ſeront la cauſe néceſſaire de la chûte du crédit public, & for-
ceront les Souverains & les Adminiſtrateurs
des Etats à manquer à la Foi nationale.
J'avoue que lorſque je vois les Rois & les
Etats ſe combattre & ſe diſputer au milieu
de leurs Dettes & de leurs Engagements,
j'imagine voir une partie de *Quille* dans la
boutique d'un marchand de Porcelaine;
eſt-il poſſible d'eſpérer que les Souverains
épargneront une eſpece de propriété, ſi
onéreuſe à eux-mêmes & au Public, lorſqu'ils ont ſi peu d'égards pour la vie & les
fonds de terre de leurs ſujets, dont l'utilité eſt ſi grande pour eux & pour le Public. Il viendra un moment où la Guerre
forçant à de nouveaux emprunts, perſonne

Monnoie, & le Gouverne-
ment s'en eſt rendu l'uſage ſi
familier, que cette opération
ne fait aucun tort au crédit
public. Tout Edit, portant
augmentation de la Monnoie,
eſt cependant une diminu-
tion forcée des Dettes publiques, & ſous un autre nom,
une véritable banqueroute.
Les Hollandois diminuent
l'intérêt des Rentes, ſans
avoir le conſentement de
leurs Créanciers, ou ce qui
eſt la même choſe, ils ta-
xent arbitrairement les fonds
de terre & toutes les eſpeces de propriété. Si nous
pouvions adopter l'une de
ces deux méthodes, nous
ne courrions pas le riſque
d'être écraſés par nos Dettes
nationales. Et il n'eſt pas
impoſſible qu'on en faſſe quelque eſſai lorſque les Dettes
ſeront encore augmentées &
les temps devenus plus difficiles; mais le Peuple An-
glois raiſonne trop bien ſur
ce qui le touche, pour n'en
pas ſentir la conſéquence. Et
un eſſai ſi dangereux feroit
tomber tout-à-coup le crédit
dublic.

ne voudra prêter à l'Etat un argent dont
le remboursement lui paroîtra trop incer-
tain, mais dont l'avance peut être indispensable pour faire la campagne. Si dans
le même-temps la Nation est menacée
d'une invasion, ou si le nombre des mé-
contents est assez grand, pour lui faire ap-
préhender une révolte dans l'intérieur du
Royaume, le Gouvernement se trouvera
alors dans l'impuissance totale de payer
les Troupes, de faire les provisions de
vivres & de fourrages, de réparer les Vaisseaux & même de contracter des alliances
avec les Etrangers. Le Souverain & ses
Ministres ne peuvent balancer en pareil
cas. La conservation de soi-même est un
droit que les particuliers ne peuvent perdre; à plus forte raison les Sociétés, & nos
Ministres seroient plus imprudents que
ceux, qui les premiers ont prêté à l'Etat;
ils le seroient même encore plus que ceux
qui ont continué de placer leur argent dans
les Fonds publics, si ayant le pouvoir de
préserver la Nation du plus grand danger,
ils négligeoient d'en faire usage. Les impôts engagés aux Créanciers publics, cesseront alors d'être employés à leur destination; ils seront mis au rang des revenus
ordinaires de l'Etat, & suffiront à la défense commune. L'argent destiné au paiement de la demi année des rentes, sera
porté dans la caisse de l'Echiquier, la

néceffité commande , la crainte preffe , la raifon exhorte , la pitié feule parle en ce cas en faveur des Rentiers , mais leurs plaintes, & leurs repréfentations ne feront pas écoutées. Il feroit contre le bien général de leur remettre l'argent qui leur étoit réfervé. On l'emploiera fur le champ au fervice courant , en proteftant cependant , de la maniere la plus folemnelle , que le befoin paffé , il fera auffi-tôt rendu à fa premiere deftination. Ces promeffes & ces proteftations feront inutiles & fuperflues , la machine du crédit public , déjà chancelante ne pourra fe foutenir contre une fecouffe auffi violente , elle tombera toute entiere & écrafera fous fes ruines un millier de Citoyens. Je nomme cet événement *la mort naturelle* du crédit public , il me paroît y tendre auffi certainement que tout corps animal tend à fa deftruction & à fa diffolution (*).

(*) *Note de l'Auteur.*

Il eft fi facile de féduire le commun des Hommes , que malgré la grande fecouffe que recevroit le crédit public en Angleterre par une banqueroute volontaire , il y a cependant toute apparence qu'il reparoîtroit quelques années après auffi floriffant qu'auparavant. Les emprunts publics faits en France durant la derniere guerre , ont été à un intérêt plus bas que ceux du regne de Louis XIV, & à auffi bon marché que ceux qu'on a faits en Angleterre , proportion gardée du taux de l'intérêt établi dans les deux Royaumes. Quoique l'expérience du paffé ait communément plus de pouvoir fur la conduite des hommes , que ce qu'ils prévoient même avec une efpece de certitude ; cependant les promeffes , les proteftations , les

Quelque triftes que foient ces deux événements, on peut en prévoir un troi-fieme encore plus malheureux. Dans les deux premiers, mille Citoyens font fa-crifiés, pour en fauver un million ; mais nous pouvons craindre de voir le con-traire, & qu'un million ne foit facrifié

apparences féduifantes, & la jouiffance du moment pré-fent, ont une influence fi puiffante, que peu de gens ont la force d'y réfifter ; les hommes de tous les fiecles ont été trompés & le feront par les mêmes amorces ; les mêmes tours d'adreffe fe ré-pétent fans ceffe & les fé-duifent toujours également. L'affectation de la plus grande popularité & du plus pur Patriotifme eft la route qui conduit à la puiffance & à la tyrannie ; la flatterie précede la trahifon, & le Clergé mê-me n'eft peut-être occupé que de fon intérêt particu-lier, lorfqu'il ne paroît agir que pour la gloire de Dieu. La crainte de ne pas voir revivre le crédit eft une chi-mere inutile à combattre ; un homme prudent en effet prêtera plutôt au Public im-médiatement après la ban-queroute, que dans le mo-ment préfent. De même qu'on préfere de prêter fon argent à un frippon opulent, qu'on ne peut même contraindre à payer, plutôt qu'à un hon-nête-homme ruiné ; par la

raifon que le premier, vou-lant mettre ordre à fes af-faires, trouve fon intérêt à fe libérer, lorfqu'il eft en état de le faire, ce qui n'eft pas au pouvoir du dernier ; le raifonnement de Tacite, vrai dans tous les temps, s'applique très-bien à la matiere préfente. *Sed vul-gus ad magnitudinem benefi-ciorum aderat, ftultiffimus quifque pecuniis mercabatur. Apud fapientes caffa habe-bantur quæ neque dari neque accipi falvâ republicâ pote-rant.*

Le Public eft un débiteur que perfonne ne peut obliger de payer. Il n'eft retenu vis-à-vis fes Créanciers, que par l'intérêt de conferver fon cré-dit. Cet intérêt peut être aifé-ment contrebalancé par des Dettes énormes & des con-jonctures extraordinaires & difficiles ; en fuppofant même que le crédit fût perdu pour toujours. D'ailleurs il eft des cas où la néceffité préfente force les Etats à prendre des partis entièrement contraires à leurs intérêts.

au bonheur momentané de mille Citoyens (*).

Il fera toujours difficile & dangereux à un Miniftre dans un Gouvernement tel que le nôtre, d'ouvrir l'avis défefpéré d'une banqueroute volontaire. La chambre des Pairs n'eft à la vérité compofée que de Propriétaires de terres, & le plus grand nombre des membres de la chambre des Communes eft dans le même cas. Les uns & les autres font par conféquent peu intéreffés dans les Fonds publics, mais leurs liaifons avec les poffeffeurs de cette forte de bien feront toujours affez grandes pour les rendre plus attachés à la Foi nationale, que la prudence, la politique &

(*) *Note de l'Auteur.*

Quelques perfonnes inftruites affurent que le nombre des Créanciers publics, tant naturels qu'étrangers, ne monte qu'à 17000, leurs revenus les mettent en état de tenir un rang confidérable dans le monde ; mais dans le cas d'une banqueroute publique, ils deviendroient dans l'inftant les Citoyens les plus pauvres & les plus malheureux. La fortune & l'autorité de la Nobleffe & des Propriétaires des terres ont des fondements plus folides ; & le combat feroit bien inégal fi nous en venions jamais à cette fâcheufe extrémité; on feroit porté à prévoir cet événement pour un temps affez prochain, tel qu'un demi fiecle, fi nos Peres n'avoient pas déjà été de mauvais Prophetes en cette matiere, & fi le crédit public ne s'étoit pas foutenu bien au-delà de ce qu'on pouvoit raifonnablement l'efpérer. Quand les Aftrologues de France prédifoient chaque année la mort d'Henri IV, ce Prince avoit coutume de dire que *ces Coquins auroient à la fin raifon.* Nous devons donc être affez prudents pour ne pas affigner de date précife à cet événement, & nous contenter d'être affurés qu'il arrivera.

même l'exacte justice ne l'exigeroient. Nos
ennemis étrangers, ou plutôt notre ennemi,
car un seul est redoutable pour nous, sa-
chant qu'un parti désespéré seroit le seul
remede à nos maux, aura la politique de
nous cacher le danger, & de ne le découvrir que lorsqu'il sera entiérement inévitable. Nos aïeux, nos peres & nous-mêmes
avons toujours pensé avec raison, que
nous seuls pouvions conserver l'équilibre
de la balance du pouvoir en Europe, mais
nos enfants, fatigués par la résistance, &
retenus par les obstacles, resteront specta-
teurs de l'oppression & de la conquête de
leurs voïsins ; jusqu'à ce qu'enfin vaincus
par leurs Créanciers, bien plutôt que par
les armes de leurs ennemis, & dans la
crainte de devenir esclaves de leurs Concitoyens, ils appelleront un Peuple étranger
à leur secours & s'abandonneront à la dis-
crétion d'un vainqueur moins redoutable
pour eux que leurs Créanciers. Ce malheur,
s'il arrive jamais, sera *la mort violente* de
notre crédit public.

Il est impossible de décider dans quel
temps notre crédit public sera détruit, ni des
trois causes que je viens de décrire celle
qui en occasionnera la ruine. Elles sont
également vraisemblables, & le moment
n'en est peut-être pas fort éloigné, mais
la raison les prévoit aussi clairement, que
le permet l'obscurité de l'avenir. Les An-

ciens prétendoient que l'enthousiasme &
une espece de *folie divine*, s'il est permis
de s'exprimer ainsi, étoient nécessaires pour
être Prophete, il est certain cependant,
que pour prédire les événements futurs
que je viens d'exposer, il suffit d'être dans
son bon sens & libre de la folie & de
l'illusion populaire.

REFLEXIONS DU TRADUCTEUR.

LEs Réflexions de M. Hume sur la différence de la conduite des Peuples
anciens, d'avec celle des modernes, ne me
paroissent pas prouver que les uns aient
été plus sages & plus prudents que les autres. Tout est relatif aux temps & aux circonstances, ce qui est prudence dans un
siecle, peut être témérité dans un autre.
Les Peuples de l'antiquité, dépourvus la
plupart de commerce & d'industrie, ne
possédoient que des richesses réelles, &
n'avoient de revenus que les produits de
la terre. Tous les Citoyens des villes, ainsi
que les Habitants de la campagne deve-
noient soldats & prenoient les armes pour
la défense commune. Sans remonter même
aux Grecs & aux Romains, nous savons
que Charles VII, est le premier de nos
Rois qui ait eu une Milice réglée, sou-

doyée & toujours fubfiftante ; que jufqu'à
fon regne, les Communes étoient obligées
de faire le fervice militaire ; que tous les
Seigneurs des Fiefs y étoient pareillement
affujettis, & que le Ban & l'arriere-Ban con-
voqués dans la guerre de 1688, ont été les
derniers veftiges de l'ancien ufage du
Royaume. Les Peuples & les Princes faifant la guerre avec des Troupes raffem-
blées dans les temps de befoins, & affujetties au fervice militaire fans recevoir de
paie, n'étoient pas expofées aux dépenfes
énormes que les Guerres modernes entraînent maintenant après elles. Les Soldats
conduits par les Seigneurs des Fiefs, ou
fournis par les Communes, fe dédommageoient du défaut de folde, par le pillage
des terres devenues le Théâtre de la guerre ;
par le butin fait fur les ennemis, & par la
rançon des Prifonniers. Les Princes raffem-
bloient donc fans grands frais fous leurs
Drapeaux un grand nombre de leurs
fujets, attirés par l'efpoir du pillage.
L'artillerie & les munitions de toute efpece, néceffaires pour les guerres préfentes, tant de terre que de mer, coûtent
des fommes immenfes dont les anciens
Souverains n'avoient pas même l'idée. Les
fonds indifpenfables aujourd'hui pour faire
une feule campagne, excédent chez toutes les grandes Puiffances de l'Europe le revenu annuel des Etats & des Souverains ;

& il y auroit impoſſibilité de prolonger la Guerre plus d'une année, ſi les Peuples étoient forcés de payer des impôts proportionnés à la dépenſe.

Nous ignorons quels étoient les tréſors amaſſés par quelqués Souverains de l'antiquité, & mis en réſerve pour le cas de la guerre ; pourroit - on appeller aujourd'hui un tréſor, ce qui ne ſuffiroit pas pour payer les frais d'une ſeule campagne? Or il eſt certain que les Rois ruineroient leurs ſujets, & leur cauſeroient des maux irréparables, s'ils amaſſoient & mettoient à part les ſommes néceſſaires pour la premiere année de la guerre.

La France a dépenſé dans chacune des campagnes de la derniere guerre plus de 160 millions au-delà des revenus ordinaires de ſon Souverain ; cependant la totalité des impôts levés depuis 1756, juſqu'en 1763, n'a pas excédé chaque année de plus de 40 millions, ceux qui ont été levés en 1765. Sans le ſecours des emprunts le Roi auroit été forcé d'impoſer chaque année, pendant tout le cours de la guerre plus de 160 millions au-delà de ce que les Peuples ont payé. L'impuiſſance totale d'y ſatisfaire les auroit fait ſuccomber ſous le fardeau, & ils auroient été réduits à ne pouvoir ſe donner les néceſſités de la vie; toute eſpece de commerce & d'induſtrie ſeroit tombée tout-à-coup, & les ennemis profi-

tant de l'épuisement du Royaume, &
n'étant pas chargés d'impositions accablan-
tes, parce qu'ils se seroient servis de la
ressource des emprunts, n'auroient éprouvé aucune résistance à l'exécution de leurs
projets.

Il est donc démontré que les grands
Etats de l'Europe ne se peuvent faire la
guerre qu'en continuant l'usage pratiqué
universellement d'ouvrir des emprunts publics pour subvenir à sa dépense ; les sources des Etats sont à cet égard dans une
balance, & un équilibre réciproque. Leurs
ressources paroissent également épuisées par
les Dettes immenses contractées depuis un
siecle, & la ruine du crédit public prévue
& annoncée par M. Hume pour l'Angleterre, deviendra, si elle arrive jamais, con-
tagieuse pour les autres Etats, & un mal
général dans l'Europe. Il paroît cependant
impossible que l'Angleterre fasse jamais une
banqueroute totale, & qu'il arrive un moment où toutes les Dettes publiques soient
annullées. Un pareil événement ne pourroit arriver que par l'invasion subite d'un
Ennemi étranger, qui se rendroit maître
de l'Isle, & y établiroit un nouvel Empire ; l'Usurpateur seroit ou un Prince étranger qui voudroit ajouter de nouveaux Etats
à ceux qu'il posséderoit déjà, & dans ce
cas les autres Princes de l'Europe y appor-
teroient des obstacles insurmontables ; ou
bien

bien l'Ufurpateur feroit un fujet rebelle, qui ne pourroit fe maintenir dans fon ufur- pation qu'en fe foumettant aux Loix du Pays, en augmentant la richeffe de l'Etat, & en prenant des mefures propres à foute- nir le Commerce & l'Induftrie de fes Sujets. Comme la banqueroute totale en feroit la deftruction, durant un affez long efpace de temps, il feroit bien éloigné d'embraf- fer un pareil parti. C'eft donc une crainte chimérique que celle d'une banqueroute totale. Aucun Prince ni aucune Républi- que n'en ont donné jufqu'à préfent l'exem- ple, & il me paroît impoffible qu'elle ar- rive jamais dans aucun Etat de l'Europe.

Si la crainte d'une banqueroute totale me paroît mal fondée, & fi les Peuples font en effet à l'abri de ce malheur, j'avoue que les Etats débiteurs feront toujours ex- pofés à éprouver dans certaines circonf- tances un grand difcrédit, & que la mé- fiance générale des Peuples & des Créan- ciers, mettra les Souverains & les Admi- niftrateurs des Républiques dans l'impuif- fance de contracter de nouvelles dettes; ils feront même forcés à manquer à une partie de leurs engagements, à fufpendre une partie des paiements, ou à prendre d'autres mefures également contraires à la foi publique; mais les approches du dif- crédit, annoncé toujours par l'impuiffance de nouveaux emprunts, obligeront les Etats

M

à faire la paix , & à se procurer la tran
quillité extérieure par des Traités avec le
Puissances étrangeres. La guerre une foi
terminée, les Ministres mettront en usag
les moyens propres à rétablir le crédit
ébranlé , & à ramener la confiance ; or,
on ne peut y parvenir que par le retranchement d'une partie des arrérages, l'établissement d'une Caisse de remboursement
& la continuation d'une partie des impôts
établis durant la guerre. Le retranchement
d'une partie des arrérages , & la diminution des impôts doivent être combinés de
façon que les revenus de l'Etat soient asse
forts pour payer exactement les arrérages
conservés, & pour former tous les ans le
fonds de la Caisse des remboursements.
L'exactitude dans le paiement des arrérages suffit seule en temps de paix pour soutenir le crédit public, lorsqu'il n'a pas été
ébranlé ; mais les remboursements , joints
au paiement exact des arrérages conservés,
le rétabliroient même entiérement , dans
l'espace de très-peu d'années, au cas même
qu'il eût été anéanti ; la masse des remboursements s'accroissant tous les ans de la
partie des arrérages des rentes éteintes,
fera monter le crédit public au plus haut
point où il ait jamais été , & attirera au
Gouvernement une confiance générale. Les
rentiers affligés de la diminution d'une
partie de leurs revenus se plaindront sans

doute de la mauvaise foi du Gouvernement;
es Peuples assujettis à des impôts dont ils
étoient persuadés que la Paix les délivre-
roit, ne s'y soumettront de leur côté
qu'avec peine. Mais les profits du commerce, les progrès de l'industrie, fruits de
la paix, feront entrer sans cesse de nouvelles richesses dans l'Etat ; les impôts ne
seront pas assez forts pour priver les peuples de la campagne de l'aisance nécessaire pour la bonne culture, & l'industrie
aisant tous les jours de nouveaux progrès,
les Propriétaires des terres augmenteront
leurs revenus. Les rentiers & les possesseurs
d'argent, tous citoyens des villes, seront
même bientôt embarrassés de leur argent,
ils auront annuellement des sommes considérables à placer, tant à cause des remboursements de leurs capitaux qu'ils seront
obligés de recevoir, que par les nouvelles
richesses que leur procurera le commerce;
ils aimeront mieux acheter des effets publics,
que de conserver dans leurs coffres un argent oisif, & ils feront revivre un crédit
auquel la secousse précédente paroîtra n'a-
voir donné que plus de solidité.

La prolongation d'une partie des impôts
établis durant la guerre, est sans doute
dure & fâcheuse pour les Peuples, & principalement pour les Propriétaires des terres; mais le mal ne peut être comparé à
celui qui résulteroit d'une banqueroute,

capable d'engourdir, pendant une longue
suite d'années l'industrie de la nation, qui
arrêteroit tout le commerce, & qui s'op-
poseroit à la vente répétée de toutes les
marchandises & de toutes les denrées, qui
est la seule & véritable circulation. De deux
maux inévitables, le moindre doit être
préféré, & la prolongation des impôts est
sans contredit le moins destructeur & le
plus supportable.

Les possesseurs d'argent & d'effets publics seront aussi affligés de la réduction
des arrérages, que les Propriétaires des
terres le peuvent être de la prolongation
des impôts ; mais lorsqu'ils réfléchiront
qu'ils étoient menacés de la perte totale
de leur fortune & que le précipice com-
mençoit déjà à s'ouvrir sous leurs pieds,
ils s'estimeront heureux d'être échappés à
un danger si pressant, & d'avoir conservé
la plus grande partie de leurs revenus.

Les plaintes & les murmures des différents ordres des citoyens ne seront donc
que momentanés ; les propriétaires des
terres cesseront de se plaindre de la continuation des impôts, lorsqu'ils verront
accroître le prix de leurs baux. Le nombre
des *Prêteurs* devenant tous les jours supé-
rieur à celui des *Emprunteurs*, les rentiers
seront forcés de verser leurs fonds dans le
commerce, ou de les employer à des défri-
chements & à des améliorations de terres.

On travaillera de part & d'autre insensiblement à l'accroissement des richesses de l'Etat,
& à l'augmentation du crédit public. Les
plaintes des rentiers seroient alors d'autant
moins fondées, qu'ils avoient joui durant
long-temps d'un revenu plus considérable,
& d'une perception bien plus facile que
celui des Propriétaires des terres. Ils ne
doivent donc jamais oublier que leur
revenu a toujours été exempt des impositions; que les malheurs & les besoins de
l'Etat ont au contraire contribué à l'accroif-
sement de leur fortune, & que le crédit
public a été le fondement de leurs richesses; ils ne peuvent par conséquent, sans
injustice, se plaindre d'une opération qui
empêche de tarir la source d'où elles sont
dérivées.

M. Hume convient que les emprunts
publics ont toujours été accompagnés de
quelques avantages, dans tous les Etats
qui en ont fait usage; & il ne les attribue
qu'à la condition de toutes les choses
humaines, où le mal ne se trouve jamais
sans être accompagné de quelque bien;
mais, par la même raison, on pourroit
dire que le bien absolu n'existant pas sur
la terre, on ne doit pas s'étonner si les
emprunts publics sont accompagnés de
quelques inconvénients; il est certain que
les Etats qui jouissent d'un grand crédit,
& où les emprunts ont été multipliés, sont

M iij

ceux où le commerce est le plus florissant, l'industrie plus active, & les especes d'or & d'argent plus communes. La France, l'Angleterre, la Hollande en sont des preuves sans replique. Peut-on faire quelque comparaison, à cet égard, entre ces trois Etats, & les Républiques des Suisses, où le crédit public est inconnu, & qui sont les Peuples de l'Europe où le commerce & l'industrie ont fait le moins de progès. La plupart de ces Républiques où les mœurs n'ont pas changé depuis cent ans, n'exigent aucune contribution de leurs sujets; le Gouvernement n'est ni débiteur, ni créancier; mais les Préposés à l'administration engagent leurs compatriotes à prendre parti dans le service des Etats voisins, & à soulager leur pays du soin de leur subsistance.

Les dettes publiques n'ont donc pas été jusqu'à présent la cause de la ruine des Etats, elles n'ont pas même été un obstacle à l'accroissement du commerce & de l'industrie; elles ont à la vérité donné naissance à l'établissement de quelques impôts, mais leur masse a été mesurée avec la force des peuples, & ils ne se sont accrus que dans la proportion de leurs richesses. La charge ne s'en est même fait sentir qu'aux habitants des villes, & aux propriétaires des terres, & la classe industrieuse du peuple en a été exempte. Le retranchement d'une partie des arrérages est le feul mal véritable que puiffe caufer la multiplicité des emprunts ; mais ce retranchement ne fe faifant que fucceffivement, &, pour ainfi dire, infenfiblement, dans un temps de paix & de tranquillité, ne peut apporter aucun trouble dans l'Etat, y caufer de grands dérangements dans les fortunes particulieres, ni même détruire pour toujours ce même crédit public.

Ce qui s'eft paffé en France dans les premieres années du regne du Roi, prouve évidemment que le crédit public eft plus folide que ne le penfe M. Hume. A la mort de Louis XIV le Royaume étoit dans la fituation la plus trifte, les provinces épuifées, les revenus publics confommés par anticipation, les impôts ordinaires infuffifants pour les charges. Plufieurs projets furent préfentés à M. le Régent, pour la libération de l'Etat ; celui de la réduction & du retranchement d'une grande partie des arrérages étoit du nombre. Le Prince, dans l'efpérance qu'un changement dans la forme de l'adminiftration des finances foutiendroit le crédit, & fourniroit des reffources pour fatisfaire aux engagements, ne voulut faire aucune réduction, & approuva le fameux projet de M. Law, dont le réfultat a été le renverfement total de la fortune d'un grand nombre de familles, & une réduction de plus de moitié dans les arrérages de toutes les dettes de l'Etat. Cette opération forcée anéantit le crédit public durant plusieurs années, mais lorsque le *Visa* eut assuré toutes les fortunes particulieres, il parut sortir de sa cendre, & devint successivement, & en peu d'années, plus grand & plus étendu qu'il ne l'avoit jamais été pendant tout le regne de Louis XIV. Le retranchement de la moitié de tous les arrérages des rentes, paroissoit à la mort du Roi une opération violente & impraticable ; elle l'étoit en effet, & le Royaume n'a pu la supporter, que parce que les événements du systême l'ont, pour ainsi dire, amenée insensiblement ; mais un retranchement peu considérable dans les arrérages des rentes, joint à la prolongation de quelques impôts, est plus conforme aux besoins des différentes classes des citoyens, & n'entraîne pas les fâcheuses conséquences, dont nos peres ont été témoins.

Le retranchement d'une partie des arrérages, & la prolongation de quelques impôts, ne sont pas encore des moyens suffisants pour rétablir en peu de temps le crédit public, & lui donner toute l'étendue dont il est susceptible. Il faut de plus un fonds destiné à l'amortissement d'une partie des dettes ; que ce fonds soi toujours subsistant, & que l'emploi n'en puisse jamais être détourné à aucune autre destination. Ce fonds, augmenté tous les ans des intérêts des sommes remboursées, aura l'avantage non seulement de diminuer la masse des dettes, mais encore de répandre dans le public des sommes considérables, d'accroître le nombre des *prêteurs*, & par conséquent de faire baisser l'intérêt de l'argent, opération la plus utile au progrès du commerce, & la plus propre à soutenir le crédit public. S'il étoit possible d'employer ce fonds d'amortissement au remboursement des sommes principales dues aux étrangers, par préférence au remboursement de celles qui sont dues aux nationaux, l'opération en seroit encore plus avantageuse, attendu que les sommes payées annuellement aux étrangers, pour les intérêts dont ils sont créanciers, sont bien plus onéreuses à l'Etat que celles qu'on paie aux nationaux. En effet, les créanciers regnicoles ne donnent lieu à aucune exportation d'especes, la quantité en reste toujours la même dans l'intérieur du Royaume, & se trouve toujours également employée dans la circulation; mais les étrangers, créanciers de l'Etat, doivent toucher leurs arrérages dans le lieu de leur domicile; & quoique le paiement leur en soit fait en lettres de change, & qu'il n'occasionne peut-être aucune exportation réelle d'efpeces, dans les temps où le commerce de la France eſt avantageux, il empêche néceſſairement les étrangers de folder les dettes de leur commerce en efpeces, & il prive le Royaume de la quantité de métaux dont ſon commerce lui auroit fait faire l'acquifition. Les nationaux verroient fans peine le fonds d'amortiſſement employé au rembourſement des étrangers ; chaque créancier public defirant la libération générale, & non pas ſon rembourfement particulier. Les étrangers de leur côté s'empreſſeroient de prêter, dans le cas de nouveaux befoins, à un débiteur, dont la fidélité à remplir ſes engagements feroit auſſi facrée ; & ne pouvant trouver dans leur pays qu'un intérêt très-bas de leur argent, ils l'offriroient au Roi à un taux fupérieur à celui de leur nation, mais inférieur au taux légal de la France, & procureroient au Roi les moyens de faire une converſion volontaire, dont l'effet feroit le même que celui d'une réduction forcée, mais ne feroit pas accompagné de ces mouvements violents, & de ces coups d'autorité qu'exige fouvent la néceſſité des circonſtances.

La circulation réfultante de la quantité des effets publics n'eſt pas un mot vuide de fens, comme le prétend M. Hume. La circulation des marchandifes & des denrées eſt fans contredit la feule qui foit utile à in Etat, & il n'eft pas moins certain que cette circulation confifte dans leur prompt débit, & dans leur vente répétée entre les différentes claffes de l'Etat. Les contrats, les billets, les actions, & les autres effets provenants des emprunts publics, peuvent, ainfi que l'obferve M. Hume, être facile-ment convertis par ceux qui les poffédent, en efpeces d'or & d'argent; & cette faci-lité qu'ont les négociants de fe procurer d'un moment à l'autre des fommes d'ar-gent confidérables, anime le commerce & l'induftrie ; l'un & l'autre ne peuvent faire des progrès que lorfque les marchan-difes & les denrées ont un débit prompt & multiplié, & lorfque les cultivateurs, les fabricants, les négociants, & les dé-taillants ne les gardent pas long-temps entre les mains. Puifque les effets publics donnent lieu à un plus grand commerce, & qu'ils animent l'induftrie, il en réfulte néceffairement qu'ils augmentent la circu-lation, & ce mot en l'appliquant à ces fortes d'effets, s'entend auffi facilement, que la circulation des efpeces d'or & d'argent, dont le mouvement eft la vie des Etats commerçants.

ESSAI
SUR
LA BALANCE DU COMMERCE.

LES nations qui ignorent la nature du commerce & ses effets, sont en usage d'interdire l'exportation des denrées & de toutes les matieres dont la possession est précieuse par leur valeur, leur utilité, & leur rareté. Elles ne considérent pas que ces prohibitions sont absolument contraires à l'objet qu'elles se proposent; que l'exportation d'une denrée en rend la production plus abondante chez le peuple cultivateur, & lui donne par conséquent la facilité d'en être le premier fourni, & à meilleur marché que ses voisins. L'exportation des figues étoit punie comme crime d'Etat par les loix de la République d'Athenes; les Athéniens se réservoient pour eux seuls un fruit qui recevoit une saveur particuliere du climat de l'Attique & qu'ils estimoient trop délicieux pour en faire part aux étrangers. Cette ridicule prohibition étoit exécutée avec tant d'exactitude, que pour désigner à A henes les dénonciateurs on se servoit de l'expreffion de *Sycophantes*, compofée de deux mots Grecs qui fignifient *figue* & *délateur*. On reconnoît par plufieurs actes anciens du Parlement d'Angleterre la même ignorance de la nature du commerce; & même encore aujourd'hui, malgré les progrès de la France dans la fcience du commerce, la crainte de la difette y fait prefque toujours défendre l'exportation du bled, quoiqu'il foit évident que cette prohibition, contribue plus que l'intempérie des faifons, aux famines fréquentes dont ce fertile pays eft affligé (*).

La plupart des Nations ont eu les mêmes frayeurs fur la fortie des efpeces d'or & d'argent; elles ont craint d'être dépouillées de leurs tréfors, & il étoit nécellaire que l'expérience vînt au fecours de la raifon pour convaincre quelques Peuples que les prohibitions de fortir les efpeces, ne fervent qu'à haufler le prix du change, & en nécellitent une plus grande exportation.

Quelque groffieres & quelque évidentes que foient ces erreurs, les Nations les plus commerçantes entretiennent toujours une jaloufie mutuelle fur la balance de leur commerce, & font réciproquement agitées de la crainte d'être privées un jour,

(*) Depuis que M. Hume a compofé cet Effai le commerce du bled a été rendu libre avec les étrangers.

par l'acquisition des marchandises étran
geres, de tout leur or & de tout leur ar
gent. Cette frayeur me paroît, dans tou
les cas, chimérique & sans aucune espece
de fondement ; il est aussi impossible qu'un
Royaume peuplé & industrieux se trouve
sans especes, qu'il l'est de voir tarir nos
sources, nos ruisseaux, & nos rivieres.
Tant que le Gouvernement continuera ses
soins pour conserver notre population &
notre industrie, nous pouvons être assurés
de ne perdre aucunes de nos richesses.

Des suppositions & des faits très-incer-
tains servent de base à tous les calculs
employés pour connoître la balance du
commerce, qu'on détermine ordinairement
par les registres des Douanes & le prix du
change. Tout le monde convient que les
registres des Douanes sont insuffisants. Il
en est de même du prix du change, à
moins qu'on n'en fasse une étude particuliere pendant le même espace de temps
chez toutes les nations, sans distinction
de celles qui sont plus ou moins commerçantes, & qu'on n'ait une connoissance certaine de toutes les sommes qui
sont soldées en especes chez tous les peuples, ce qu'on peut assurer être impos-
sibles. C'est par cette raison que tous ceux
qui ont écrit sur la balance du commerce
d'Angleterre, n'ont appuyé leur système
que sur la quantité & la valeur des mar-

handifes & des denrées importées & ex-
ortée; chez les nations étrangeres.

Il y eut une alarme générale en Angle-
erre , lorfqu'on vit dans les écrits de
M. Gée , une efpece de démonftration,
appuyée fur les détails les plus circonf-
tanciés, pour prouver que la balance du
commerce étoit tellement défavantageufe,
que la nation devoit être entiérement épui-
fée d'or & d'argent dans l'efpace de cinq
ou fix ans; mais vingt ans fe font écoulés
depuis la publication de cet ouvrage ,
l'Angleterre a été engagée dans une guerre
étrangere , extrêmement coûteufe , & les
perfonnes inftruites , font perfuadées que
le Royaume eft aujourd'hui plus riche en
efpeces qu'il ne l'a jamais été.

Le Docteur Schwift , cet auteur ingé-
nieux dont le talent propre étoit de faifir
le ridicule, & de faire fentir l'abfurdité de
quelques préjugés, parle de la balance du
commerce de l'Irlande d'une maniere affez plaifante. Il dit dans fon Effai de
l'Etat de l'Irlande , que toutes les efpeces monnoyées de ce Royaume mon oient
à cinq millions fterling , dont la cinquieme
partie paffoit tous les ans en Angleterre;
que cette exportation d'argent, & celle
qu'occafionnoient quelques autres objets
de commerce étranger de peu de valeur,
ne pouvoit être compenfée que par le
médiocre profit que procure à quelques

Négociants Irlandois l'importation du vin
de France en Angleterre; & que par conféquent dans l'efpace de moins de fix ans,
il n'y auroit plus en Irlande que deux millions fterling d'efpeces monnoyées. Si ce
raifonnement du Docteur n'avoit été une
plaifanterie, il y a plus de trente ans que
l'Irlande feroit fans or & fans argent;
mais quoique cette fauffe Prophétie fût
propre à faire fentir le peu de cas qu'on
devoit faire des prétendus politiques, qui
raifonnoient de fon temps fur la balance
du commerce de l'Irlande, je ne puis douter cependant que leurs fauffes opinions
n'aient encore des partifans, & que même
elles n'en acquierent tous les jours.

    Toutes les perfonnes dont les vues font
peu étendues, ou qui font prévenues contre
le Gouvernement, paroiffent toujours ap-
préhender les fuites funeftes de la balance
du commerce qu'elles foutiennent être extrêmement défavantageufe à l'Angleterre.
Comme il eft impoffible de réfuter leurs
raifonnements par le détail exact de la
quantité & de la valeur des marchandifes
exportées, qui fervent de paiement à celles
qui font importées dans le Royaume, je
vais mettre fous les yeux du Lecteur quelques obfervations qui me paroiffent prouver, que tant que l'Angleterre confervera
fa population & fon induftrie, la balance
du commerce ne pourra jamais lui être
défavantageufe,

défavantageufe, ni entraîner la ruine de l'Etat. Suppofons en effet que les quatre cinquiemes de toutes les efpeces mon-noyées exiftantes préfentement en Angle-terre difparoiffent tout-à-coup, & que le Royaume n'en poffede que la même quan-tité qui y étoit fous les regnes des Henris & des Edouards, & examinons quelle fe-roit la conféquence de cet événement. Les denrées, la main-d'œuvre, les jour-nées des ouvriers diminueroient fur le champ de valeur dans la même propor-tion, & tous les objets de commerce fe vendroient & s'acheteroient dans l'inté-rieur du Royaume fur le même pied qu'ils fe vendoient & s'achetoient il y a trois fiecles. Dans ce cas aucune nation de l'Europe ne pourroit être en concurrence avec nous pour la vente de fes denrées & de fes marchandifes dans les marchés étran-gers; notre navigation feroit bien moins coûteufe que celle des autres Peuples, & nous gagnerions beaucoup en vendant nos marchandifes à un prix fort inférieur à celui auquel ils pourroient vendre les leurs. Cette préférence pour la vente nous met-troit en état d'acquérir en très - peu de temps la quantité d'efpeces que nous au-rions perdue, & nous ferions bientôt de *niveau* avec toutes les nations voifines; mais nous ne pourrions parvenir à ce *ni-veau* fans perdre en même-temps l'avan-

N

tage du bon marché , & nous trouvant
alors au même point où nous étions précédemment par rapport à la quantité des
efpeces, nous cefferions d'en acquérir de
nouvelles.

Faifons une fuppofition contraire , &
admettons que la quantité des efpeces
exiftantes en Angleterre fe trouve tout-à-
coup quintuplée de ce qu'elle eft préfentement. Les denrées, les marchandifes, les
journées des ouvriers augmenteront fur le
champ de valeur dans la même proportion , & les nations voifines feront hors
d'état d'acheter notre fuperflu ; mais elles
s'en dédommageront avec grand avantage , en nous vendant leurs denrées, &
leurs marchandifes , dont aucune loi ne
pourra empêcher l'importation ; ce qui fera
fortir notre argent jufqu'à ce que nous
foyons de *niveau* avec elles , & que nous
ayions perdu cette grande fupériorité de
richeffes qui n'aura été défavantageufe
qu'à nous-mêmes. Il eft évident que les
mêmes caufes qui réformeroient ces iné-
galités exorbitantes que nous venons de
fuppofer, doivent les prévenir & les empêcher d'arriver , & confervent chez toutes les nations voifines, la quantité de leurs
métaux dans la proportion de leur population & de leur induftrie. L'Eau eft toujours de niveau , ou tend à s'y mettre ; les
Naturaliftes en donnent pour raifon, qu'une

maſſe d'eau s'élevant d'un côté, & ſa peſan-
teur n'étant plus ſoutenue, cette même
maſſe partie, doit tomber juſqu'à ce
qu'elle trouve un contrepoids, & que la
même cauſe qui rend à l'eau ſon niveau
lorſqu'elle l'a perdu, doit toujours l'y
maintenir (*).

Les tréſors immenſes que les Eſpagnols
ont apportés des Indes ſe ſont répandus
dans toute l'Europe, & aucune force humaine n'auroit pu les retenir en Eſpagne.
Quel moyen en effet auroit-on pu employer, pour empêcher les habitants de
l'autre côté des Pyrénées, de franchir ces
montagnes & d'introduire en Eſpagne leurs
denrées & leurs marchandiſes, dont la
valeur auroit augmenté dans la proportion de la difficulté du tranſport; les Propriétaires de ces marchandiſes & de ces
denrées encouragés par un gain immenſe,
n'auroient-ils pas ſurmonté toutes les difficultés, que l'avarice des Eſpagnols leur
auroit oppoſées? Ce niveau dans lequel il

(*) *Note de l'Auteur.*

Le prix du change contri-
bue à maintenir la balance
du Commerce & à l'empê-
cher de devenir trop préjudiciable à une Nation; lorſque la valeur de nos importations excède de beaucoup
celle de nos exportations, le
prix du change eſt contre
nous, & cette perte lorſ-
qu'elle excède ce qu'il en
coûteroit pour le port des
eſpeces chez la Nation créanciere, nous oblige à les y tranſporter, car le change ne
peut jamais être au deſſus
du prix de la voiture.

eſt impoſſible que les eſpeces ne ſoient
pas maintenues, & qui les force à ſe répandre hors de l'Etat qui les a acquiſes,
explique pourquoi toutes les nations de
l'Europe gagnent à préſent dans leur commerce avec l'Eſpagne & le Portugal. Les
Souverains de ces deux Royaumes ont
deſiré dans tous les temps, que leurs
ſujets ne partageaſſent pas avec les étrangers les richeſſes qu'ils avoient acquiſes;
mais les Loix qu'ils ont publiées pour en
empêcher la ſortie ont été inſuffiſantes, &
en quelque maniere impraticables.

Il peut arriver cependant qu'une certaine quantité d'eau ſe maintienne au deſſus
de ſon niveau, lorſqu'on lui ôte toute
communication avec l'élément qui l'environne. Il peut y avoir également par
rapport aux eſpeces d'or & d'argent, des
obſtacles phyſiques, qui coupant toute
communication d'un Etat avec un autre,
laiſſeroient ſubſiſter une très-grande inégalité dans leurs richeſſes réciproques.
L'éloignement immenſe où nous ſommes
de la Chine, & les privileges excluſifs de
nos Compagnies, empêchent que ce *niveau*
ne s'étende juſques dans cet Empire, où
l'or & l'argent ſont en moins grande abondance qu'en Europe. Cependant malgré
les difficultés phyſiques & morales qui
s'oppoſent à ce que les eſpeces d'or &
d'argent ſoient tranſportées de l'Europe

dans l'Empire de la Chine, on ne peut
'empêcher d'obſerver qu'elles y ſont, pour
inſi dire, entraînées ; en effet, quoique
es ouvriers Européens ſurpaſſent beaucoup
en adreſſe & en habileté ceux de la Chine,
l'Europe perd dans le Commerce qu'elle
entretient avec cette partie du monde ; &
ſans les retours continuels d'or & d'argent que les Négociants Eſpagnols tirent
annuellement de l'Amérique , la maſſe
des métaux précieux diminueroit inſenſiblement en Europe , & augmenteroit en
Chine, juſqu'à ce que le *niveau* ſe fût
établi entre ces deux parties du monde.
Il eſt certain que ſi cette induſtrieuſe Nation
étoit auſſi près de nous que la Pologne &
la Barbarie, la plus grande partie des tréſors des Indes lui ſeroit réſervée. On peut
expliquer ce Phénomene ſans avoir recours
à l'attraction phyſique ; en effet l'attraction
morale qui tire ſon origine des intérêts &
des paſſions des hommes , eſt au moins
auſſi puiſſante & auſſi certaine.

Les Provinces dont les différents Royaumes ſont compoſés, ne conſervent entre
elles leur balance, que par la force de ce
même principe; c'eſt-à-dire , par l'impoſſibilité où eſt l'argent de perdre ſon *niveau*,
& la néceſſité qui le maintient toujours
dans la proportion du travail & des denrées de chaque Province. Si une longue
expérience ne raſſuroit pas ſur les ſommes

N iij

considérables que fourniffent annuellement
les Provinces aux villes capitales , que de
triftes réflexions n'auroit-on pas été dans
le cas de faire , à la vue des calculs d'un
habitant d'Yorkshire. Cet hypocondriaque
dans un accès de mélancolie calculoit toutes les fommes que cette Province fournif-
foit à la ville de Londres , tant pour le
paiement des impôts , que pour l'achat des
marchandifes , & le tranfport des revenus
que les Propriétaires y confommoient au
préjudice de la Province , où l'argent ne
paroît rentrer qu'en bien moins grande
quantité qu'il en fort. Il n'eft pas douteux
que fi l'Heptarchie fubfiftoit encore , le
Gouvernement de chaque Etat feroit continuellement alarmé de la crainte de perdre par la balance du Commerce ; & comme il eft très - vraifemblable que le voifinage des peuples , auroit nourri & excité
la haine qu'ils fe feroient portés les uns &
les autres , leur jaloufie mutuelle les auroit
engagés à gêner réciproquement leur commerce & à le charger de taxes & d'impôts.
Depuis que la réunion de l'Ecoffe & de
l'Angleterre n'a fait qu'un peuple de ces
deux Nations , on ignore à laquelle des
deux la liberté du Commerce a été avantageufe. Si depuis cet événement les Ecof-
fois ont acquis de nouvelles richeffes , on
ne les peut attribuer qu'à l'augmentation
de l'induftrie , qui a fait de grands progrès

armi eux. Avant cette réunion les deux Nations craignoient réciproquement que la liberté du Commerce ne leur fût nuisible, que leurs voisins ne parvinssent à les épouiller de leurs anciennes richesses. Le temps seul a pu prouver que ces craintes étoient également mal fondées chez l'un & l'autre Peuple.

Ce qui arrive dans de petits Etats, doit également arriver dans de plus grands. De quelque nature que fussent les Loix romaines, par rapport au Commerce, les Provinces qui composoient l'Empire romain conservoient leur balance entre elles, & avec l'Italie ; comme nous voyons présentement cette même balance exister entre les Différents Comtés de la Grande-Bretagne, & les différentes paroisses de chaque Comté. Quiconque voyage en Europe, peut reconnoître par lui-même & par le prix des Denrées, que malgré la fausse jalousie des Princes & des Etats, l'argent s'est maintenu par-tout à son *niveau*, & qu'il n'y a pas plus de différence à cet égard entre les Royaumes, qu'il ne s'en trouve entre les Provinces d'un même Etat. Les hommes vont habiter d'eux-mêmes les lieux situés sur les Rivieres navigables, les ports de Mer, & les Villes capitales. C'est dans ces endroits où les hommes sont rassemblés en plus grand nombre, qu'on trouve plus d'industrie, &

plus de denrées , & par conféquent, plu
d'argent , mais cette quantité d'argent eft
toujours en proportion de la population &
de l'induftrie , & c'eft ce qui en maintient
le *niveau*.

La France eft pour nous un objet
perpétuel de jaloufie & de haine. Le
premier de ces fentiments , n'eft fondé
que fur de trop bonnes raifons, mais l'un
& l'autre ont donné lieu aux barrieres
fans nombre que les deux Nations ont
oppofées mutuellement à leur Commerce
réciproque , & dont on nous accufe d'avoir
donné l'exemple. Quels avantages en
avons-nous retirés ? Nous ne vendons plus
aux François nos étoffes de laine , & nous
allons chercher en Efpagne & en Portugal,
un vin plus cher & moins agréable que
celui dont nous pouvions nous fournir en
France. La plûpart des Anglois croiroient
l'Etat fur le penchant de fa ruine , fi les
vins françois pouvoient être tranfportés en
Angleterre en affez grande abondance, &
y être vendus affez bon marché, pour que
le Peuple en fît fa boiffon ordinaire , par
préférence à la Biere , & aux autres Li-
queurs du Pays; mais fi on vouloit écarter tout préjugé & raifonner fans paffions,
il ne feroit pas difficile de prouver que
l'Etat n'en recevroit aucun préjudice , &
qu'il en retireroit peut-être quelque avantage. En effet , les François affurés d'un

plus grand débit de leurs Vins, change-
roient leur culture, & planteroient de
nouvelles vignes pour fournir à la confommation de l'Angleterre ; ils feroient alors
forcés de recourir à nous pour avoir du
Bled, dont la production feroit moins
abondante chez eux, & nous aurions
l'avantage de leur vendre la denrée de
premiere néceffité. Le Roi de France a
rendu plufieurs Arrêts pour défendre les
nouvelles plantations de vignes, & il a
même ordonné de les arracher, preuve
certaine que la culture du Bled, a dans cet
Etat la préférence fur celle de toute autre
efpece de denrées.

Le Maréchal de Vauban fait connoître
dans plufieurs endroits de fes Ecrits, le
préjudice que caufent au Languedoc, à la
Guienne & aux Provinces méridionales de
France, les droits auxquels les Vins de
ces Pays font affujettis, lorfqu'ils font
tranfportés en Bretagne & en Normandie ;
quoiqu'il propofe au Gouvernement de
France d'accorder une entiere liberté de
commerce & de délivrer ces Provinces
des entraves fous lefquelles elles gémif-
foient. Il ne penfoit pas fans doute que
cette liberté pût faire pencher en leur faveur la balance du Commerce, au préjudice de la Normandie & de la Bretagne.
Il eft évident qu'une navigation un peu
plus longûe ne rendroit pas les Vins du

Languedoc plus chers en Angleterre qu'ils le sont en Bretagne, ou dans ce cas les denrées d'Angleterre transportées en Languedoc, augmenteroient de valeur dans la même proportion.

Je conviens cependant qu'on peut employer deux moyens pour maintenir l'argent au dessus ou au dessous de son *niveau*, mais en les examinant attentivement il est facile de reconnoître qu'ils sont la conséquence du principe précédemment établi, & qu'ils lui donnent même une nouvelle force.

Les Banques, les Actions, & les Papiers de crédit, tous établissements modernes, adoptés par les Anglois avec une espece de frénésie, sont le seul moyen que je croie propre à tenir l'argent au dessous de son *niveau*. Le papier devient par ces établissements équivalent aux especes, il circule dans toutes les parties de l'Etat, augmente la valeur de la main-d'œuvre & des denrées, supplée à l'or & à l'argent, fait disparoître une partie de ces précieux métaux, & empêche que leur quantité n'en augmente. La plupart de nos raisonnements sur cette matiere sont faux & contraires à la raison ; tout particulier qui a l'avantage de doubler ses fonds en devient incontestablement plus riche ; nous nous imaginons qu'il en seroit de même de l'Etat, si tous les sujets pouvoient

arvenir à doubler leurs richeſſes ; nous
e faiſons pas réflexion que dans ce cas,
a valeur de toutes les denrées augmente-
oit dans la même proportion, & que par
conſéquent cet accroiſſement général des
richeſſes n'apporteroit aucun changement
dans l'inégalité des fortunes. Un grand
fonds d'argent ne nous eſt avantageux que
dans nos Négociations avec les étrangers,
& comme notre papier n'a de valeur que
dans l'intérieur du Royaume, il a pour
nous les inconvénients qui ſont la ſuite
néceſſaire d'une grande abondance d'argent, & ne nous procure aucun des avantages qui peuvent l'accompagner.

Suppoſons que l'Angleterre poſſede 18
millions ſterling en eſpeces, & qu'il cir-
cúle dans le Royaume pour 12 millions
de papier, on doit conclure de cette
ſuppoſition que l'Etat peut poſſéder une
richeſſe réelle de 30 millions. La Grande-
Bretagne poſſéderoit en effet cette ſomme,
en eſpeces d'or & d'argent, ſi nos papiers
de nouvelle création n'avoient pas été un
obſtacle à l'entrée de ces métaux. On me
demandera ſans doute quel pays nous
auroit fourni cette ſomme ? Je répondrai
à cette queſtion, que nous l'aurions été
chercher dans tous les Royaumes du
monde connu. En effet, en ſupprimant
les 12 millions de papier, l'argent exiſtant
en Angleterre ſera de beaucoup au deſſous

de son *niveau*, par comparaison avec l[a]
quantité existante dans les Etats voisins
& il en refluera nécessairement une parti[e]
parmi nous jusqu'à ce que le *niveau* so[it]
établi entre toutes les nations voisines,
que sa trop grande abondance le fasse
par la même raison, échapper de nos
mains. Le soin qu'ont eu les politique[s]
modernes de remplir tous les portefeuilles
d'actions, *de billets de banque*, & de *papie[r]
d'échiquier*, semble être une suite de la
crainte qu'ils ont eue que la nation ne se
trouvât un jour accablée sous le poids de
l'or & de l'argent.

Le Royaume de France possede une
très-grande quantité d'especes, & il en est
principalement redevable au petit nombre
de papiers de crédit qui ont cours dans
ce puissant Etat. Aucune banque publique
n'y est établie ; les lettres de change y
sont moins communes qu'en Angleterre ;
tout prêt d'argent, dont le principal n'est
pas aliéné, y est regardé comme usuraire.
Faute de débouchés de leur argent, les
François sont obligés d'en garder une
grande partie en caisse, & c'est par cette
raison que les simples particuliers de ce
Royaume possédent une grande quantité
de vaisselle d'argent, & que leurs Eglises
sont remplies d'argenterie. C'est à la réunion de ces différentes circonstances qu'on
doit attribuer le bon marché des denrées

de la main-d'œuvre, dont le prix est
plus bas en France que chez d'autres
peuples qui possédent la moitié moins
d'especes d'or & d'argent ; position heureuse qui donne à ce Royaume un grand
avantage pour le commerce étranger, &
conserve entre les mains des sujets des
sommes assez considérables, pour réparer
les malheurs publics & imprévus, dont
aucune nation ne peut être à l'abri.

On est en usage en Angleterre & en Hollande de préférer la porcelaine de Chine à la
vaisselle d'argent ; & la ville de Gênes avoit
adopté il y a quelques années, cette espece de
luxe. Mais le Sénat, prévoyant les funestes
conséquences qui en pouvoient résulter,
y mit des bornes, par une loi somptuaire,
qui laissoit en même temps la plus grande
liberté sur la vaisselle d'argent. Cette République a reconnu sans doute, lors de la
derniere révolution, toute la sagesse de
cette ordonnance ; & je ne puis m'empêcher de penser que les taxes imposées en
Angleterre sur la vaisselle d'argent, ne
soient très-opposées à la bonne politique.

Nos Colonies avoient une quantité
d'especes suffisante pour la circulation,
avant qu'on y eût introduit les papiers
de crédit ; mais depuis que cette espece
de richesses y est connue, l'or & l'argent
ne sont plus d'usage dans les paiements,
& c'est le moindre inconvénient qui en

soit résulté. Lorsque les malheurs de l'Eta
auront anéanti cette richesse fictive,
peut-on douter que l'argent ne retourne
aussi-tôt dans nos colonies, qui possédent
des denrées & des manufactures, seul bien
réel dont tous les hommes ont un besoin,
qu'ils ne peuvent satisfaire, qu'en donnant aux cultivateurs & aux fabricants
l'argent qu'ils possédent.

Il est fâcheux que Licurgue n'ait pas
eu l'idée des papiers de crédit, lorsqu'il
chercha à bannir l'or & l'argent de Lacédémone. Cet expédient auroit été plus
utile à son systême, que ces masses de
fer qu'il leur substitua; & les papiers de
crédit, qui n'ont aucune valeur réelle ni
intrinseque, auroient apporté un obstacle
certain à tout commerce étranger.

Je viens d'exposer les inconvénients qui
accompagnent les systêmes de papiers de
crédit, qui sont cependant les seuls moyens
de tenir l'argent au dessous de son *niveau*.
Ne pourroit-on pas obtenir l'effet contraire?
c'est-à-dire, l'élever au dessus de son
niveau, en conservant avec soin dans le
trésor public une somme considérable, &
en prenant les précautions convenables
pour l'empêcher d'être remise dans la circulation. Mais la plupart des citoyens
regarderoient un pareil expédient comme
destructif, & il exciteroit la clameur publique. Tout fluide peut être élevé au

essus de son niveau , & à telle hauteur
qu'on juge à propos, lorsqu'on lui ôte
toute communication avec l'élément voisin.
Il en est de même de l'argent ; & pour
le prouver il suffit de reprendre notre
premiere supposition , qui consiste à détruire subitement la moitié de toutes nos
especes. Nous avons trouvé que la conséquence de cet événement seroit d'attirer
une somme égale de tous les Royaumes
voisins. Si le Gouvernement se détermi-
noit à mettre en réserve dans le trésor
public une somme considérable , & à l'y
conserver avec soin , il pourroit, après la
révolution de plusieurs années y mettre
également en dépôt une nouvelle somme,
opération qui par la succession des temps
n'auroit pas de bornes.

Une petite ville comme Geneve pourroit,
durant le cours de quelques siecles, en-
gloutir les neuf dixiemes de toutes les
especes de l'Europe. Il est vrai que la
nature humaine forme un obstacle invin-
cible à cet énorme accroissement de richesses. Un Etat foible , mais possédant
des richesses immenses, deviendroit nécessairement la proie de quelques voisins plus
pauvres, mais plus puissants. Un grand
Etat maître d'un pareil trésor le dissiperoit
en projets dangereux & mal concertés,
& détruiroit vraisemblablement un trésor
bien plus estimable, je veux dire, l'industrie

de fon peuple, dont la perte entraîneroit une diminution fenfible dans le nombre des citoyens. Ces tréfors immenfes feroient dans le cas du fluide élevé à une trop grande hauteur, qui brife & détruit le vaifleau qui le renferme, & fe mêlant avec l'élément qui l'environne, tombe tout à coup à fon niveau. La poffibilité d'amafler un grand tréfor, fans caufer de préjudice à l'Etat, eft tellement contraire à notre maniere ordinaire de penfer, que quoique tous nos hiftoriens foient d'accord fur les fommes immenfes amaffées par Henri VII, que tous les faffent monter à 1700000 liv. fterling, & que cet événement foit, pour ainfi dire, encore récent; nous rejettons leur témoignage, plutôt que de convenir d'un fait capable de détruire nos préjugés. Il eft vraifemblable que cette fomme compofoit les trois quarts de toutes les efpeces monnoyées exiftantes pour lors en Angleterre; mais eft-il impoffible qu'un Prince habile, avide de richeffes, économe, & dont l'autorité étoit prefque abfolue, ait amaffé une fomme auffi confidérable, dans l'efpace de vingt ans? Il n'y a pas d'apparence que malgré le tréfor de Henri VII, le peuple fe foit apperçu d'une diminution dans la quantité des efpeces en circulation, & qu'il en ait fouffert un préjudice réel, parce que la diminution de la valeur de toutes les denrées & de

toutes

toutes les marchandifes a dû faire entrer en peu de temps dans le Royaume une quantité d'or & d'argent, égale à celle que le Souverain avoit retirée de la circulation, effet & fuite néceffaire du grand avantage que dévoient avoir les Anglois dans le commerce fur toutes les nations voifines. Les Hiftoriens & les Orateurs Grecs affurent que la petite République d'Athenes, & les peuples fes Alliés amafferent, dans les cinquante années qui s'écoulerent entre la guerre de Médie, & celle du Péloponefe, un tréfor plus confidérable que celui de Henri VII, puifque plus de 10000 talents furent renfermés dans la citadelle d'Athenes, fomme immenfe qui fut caufe de la ruine de cette République & de fes Alliés, par les guerres imprudentes auxquelles ils s'engagerent témérairement. Cet argent, amaffé avec tant de foin, ne fut pas plutôt forti du tréfor & remis dans la circulation, qu'il difparut de l'Etat. Nous voyons, en effet, par le fameux dénombrement fait cinquante ans après, & dont Démofthenes & Polybe font mention, que toutes les richeffes des Athéniens, en terres, en maifons, en efclaves, en denrées, & en marchandifes, ne furent pas eftimées 60000 talents, en y comprenant même les efpeces monnoyées qui circuloient dans ce petit Etat.

On reconnoît dans la conduite des

O

Athéniens autant de prudence que d'ambition, lorsqu'on les voit uler de la liberté
de leur Gouvernement, pour mettre en
réserve & conserver un trésor immense,
qu'ils pouvoient partager entre eux, &
qui étoit aslez considérable pour tripler la
fortune de chaque particulier ; car il est
bon d'observer, qu'au rapport des anciens
Historiens, les Athéniens n'étoient pas plus
riches lorsque Philippe , Roi de Macédoine,
leur déclara la guerre, qu'ils ne l'étoient
au commencement de celle du Péloponese.

Le petit pays connu sous le nom de
Grece, étoit moins riche en especes d'or
& d'argent dans les siecles de Philippe,
& de Persée, que ne l'étoit l'Angleterre
sous le regne d'Henri VII. Les deux Rois
Macédoniens amasserent cependant en
trente ans, un trésor plus considérable
que celui de Henri, puisqu'au rapport de
Pline, le trésor que fit conduire à Rome
Paul-Emile, vainqueur de la Macédoine,
montoit à 2400000 liv. sterling ; ce n'étoit
cependant qu'une partie des sommes
amassées par les Rois de Macédoine,
étant impossible que Persée eût soutenu
la guerre sans avoir touché au trésor public. Stanian assure que de son temps le
Canton de Berne avoit prêté à intérêt plus
de 300000 liv. sterling, & qu'il y en avoit
en réserve plus de 1800000 dans le trésor
public. Il est très-vraisemblable que tout

l'argent en circulation dans ce petit État ne monte pas à 500000 liv. sterling. Cependant quoique le tréfor public ait dû augmenter depuis 1714, tous les voyageurs qui parcourent le pays de Vaux, ou toute autre partie du Canton de Berne, ne s'apperçoivent pas que l'argent y soit plus rare que dans tout autre pays de la même étendue, & dont le climat & les productions font les mêmes.

Le détail que donne Applien du tréfor des Ptolomées ne permet pas de le révoquer en doute, & il feroit d'autant plus mal fondé, que, fuivant le témoignage de ce même Hiftorien, les autres fucceffeurs d'Alexandre étoient également économes, & que plufieurs d'entr'eux avoient des tréfors prefque auffi confidérables que celui des Ptolomées, qu'Applien fait monter à 740000 talents, revenant, fuivant les calculs du Docteur Arbuthnet, à 191166666 l. fterling, fomme incroyable, fi cet Hiftorien, natif d'Alexandrie, ne citoit pas les regiftres de l'Empire d'Egypte pour garants de ce qu'il avance.

Les différentes obfervations que je viens de mettre fous les yeux du Lecteur, doivent guider notre jugement fur les barrieres, les obftacles & les impôts fans nombre que toutes les Nations & principalement l'Angleterre oppofent à la liberté du Commerce. Tous les Gouvernements font occupés du desir d'augmenter la masse de leurs especes monnoyées, qu'il est cependant impossible de ténir au dessus de leur *niveau*, tant que la circulation de la totalité en est libre ; ils sont également effrayés de la crainte d'en perdre une partie, quoique par la même raison, il soit également impossible qu'elles baissent au dessous de ce même *niveau*. Des mesures aussi contraires à la bonne politique, seroient capables par elles - mêmes de faire disparoître nos especes, si ce malheur pouvoit arriver ; mais il en résulte un mal général & commun à toutes les Nations ; c'est-à-dire, que tous les Peuples voisins & limitrophes les uns des autres ne peuvent jouir réciproquement & avec liberté de l'échange mutuel de leurs denrées & de leurs marchandises, que le souverain Législateur semble avoir prescrit, en donnant à tous les Peuples un climat, un sol, & un génie qui les distingue les uns des autres, par des différences particulieres à chacun d'eux.

Les Politiques modernes en faisant usage des Papiers de crédit, ont adopté le seul moyen de bannir les especes d'un Etat, ou du moins d'en diminuer la quantité. On ne pourroit en augmenter la masse, qu'en en mettant une partie en réserve dans le trésor public, mais ils rejettent ce moyen & donnent la préférence à des Droits de Douane & à des Taxes

qui ne fervent qu'à borner l'induftrie, &
à priver nos voifins, ainfi que nous, des
bienfaits que l'Art & la Nature offrent à
tous les hommes.

Il faut convenir cependant que toutes
les taxes fur les Denrées & les Marchandifes étrangeres ne font pas également inutiles & défavantageufes. Nos Manufactures de toile font encouragées par les droits
impofés fur celles d'Allemagne. Les droits
perçus fur l'Eau-de-vie de vin augmentent
la confommation du *Rum*, & foutiennent
nos Colonies méridionales. Comme il eft
néceffaire qu'il y ait des Impôts pour la
défenfe du Gouvernement, il eft de la
bonne politique de n'en percevoir, & de
n'en établir que fur les Denrées & les
Marchandifes, dont le volume empêche
la fraude & la contrebande; mais le Légiflateur ne doit jamais oublier la maxime
du Docteur Swift, *qu'en matiere d'impôts,*
deux & deux ne font pas toujours quatre;
& qu'il arrive fouvent au contraire qu'ils
font moins de deux. Il eft affez vraifemblable, que fi les droits fur le vin
étoient diminués des deux tiers, le Gouvernement en tireroit un revenu plus confidérable, notre Peuple feroit alors en état
de fe procurer une boiffon meilleure &
plus faine, & la balance du Commerce,
dont nous fommes fi jaloux, n'en devien-

droit pas plus défavantageufe ; la Manu
facture de la Biere, lorfqu'on la confidere
indépendamment de l'Agriculture, eft pe
confidérable en elle-même, & occupe pe
de bras. Le tranfport du vin, & l'expor
tation de nos grains nous en dédommage
roient avec grand avantage. On oppofer
fans doute, que fuivant le témoignage d
plufieurs Hiftoriens, un grand nombr
d'Etats & de Royaumes riches & opu
lents dans l'antiquité, font maintenan
dans l'indigence & la pauvreté ; & qu'o
n'y retrouve plus cette abondance d'ar
gent qui les rendoit autrefois fi puiffants
Je réponds que les Nations ne peuven
efpérer de conferver leurs efpeces, lorf
qu'elles perdent leur Commerce, leur in
duftrie & leur population, dont les mé
taux précieux fuivent toujours la propor
tion. Lorfque Lisbonne & Amfterdam en
leverent à Gênes & à Venife le Commerc
des Indes Orientales, dont ces deux ville
étoient en poffeffion, elles acquirent le
profits & les efpeces dont ce riche Com
merce les enrichiffoit. La maffe d'argent
diminue dans un Etat toutes les fois qu
le Souverain établit fa réfidence dans ur
autre Empire ; lorfque des Guerres étran
geres obligent d'envoyer des Armées dan
des Pays très-éloignés des frontieres, & o
elles ne peuvent être entretenues qu'à très

rands frais, & lorſqu'enfin les étrangers
ſont créanciers de l'Etat pour des ſommes
conſidérables. On doit obſerver que la
perte de l'argent dans tous les cas dont je
viens de faire l'énumération eſt la ſuite
de circonſtances violentes qui forcent le
Peuple à ſe refugier dans d'autres climats
& à y tranſporter ſon induſtrie : mais lorſque la population d'une Nation & ſon
induſtrie n'ont ſouffert aucune diminution,
il eſt impoſſible , après que les troubles
ſont ceſſés , que l'argent ne revienne par
un grand nombre de canaux , différents
les uns des autres & ſouvent inconnus.
Les principales Nations de l'Europe ont
répandu en Flandre des ſommes immenſes
depuis la révolution des Pays-Bas , cette
partie de l'Europe ayant preſque toujours été le théâtre de la Guerre. Si toutes
ces ſommes étoient raſſemblées, elles mon-
teroient peut-être à plus de la moitié de ce
que l'Europe entière poſſede d'eſpeces :
toutes ces richeſſes immenſes ſont retour-
nées à leur ſource , & ſont rentrées dans
les mains des Peuples induſtrieux qui en
avoient été les premiers poſſeſſeurs. Un
courant ſenſible emportoit à Rome, il y a
plus de mille ans, tout l'argent de l'Europe ; mais il en eſt ſorti par des canaux
ſecrets & inconnus, & le défaut de Commerce & d'Induſtrie rend aujourd'hui les

Domaines du Pape le territoire le plus pauvre de l'Italie. Le Gouvernement a grande raifon fans doute d'employer tous fes foins pour conferver la population & les manufactures de l'Etat , mais il peut fe difpenfer d'en prendre pour la confer-vation de fes efpeces. Leur quantité fera toujours proportionnée au nombre du Peuple & à l'accroiffement de fon induf-trie.

LETTRE

D'UN NÉGOCIANT
DE LONDRES,
A UN DE SES AMIS.

LETTRE

D'UN NÉGOCIANT

DE LONDRES,

A UN DE SES AMIS,

CONTENANT

Des Réflexions sur les Impôts auxquels sont assujetties les denrées de premiere nécessité, & sur la conséquence dont ils peuvent être relativement au prix de la main-d'œuvre dans les manufactures d'Angleterre ; traduite sur l'original imprimé à Londres en 1765.

J E vous ai déjà fait connoître, Monsieur, ma façon de penser sur la matiere des impôts, & particuliérement sur ceux auxquels sont assujetties les denrées nécessaires à la subsistance. J'ai cru prouver dans la Lettre que je vous ai écrite il y a quelques mois, que le prix de la main-d'œuvre des ouvriers de nos manufactures n'avoit pas, à beaucoup près, augmenté dans la proportion des nouvelles impositions, & que notre commerce étranger n'en avoit fouffert aucun préjudice. J'appuyois mon opinion fur les obfervations des Ecrivains politiques les plus eftimés, fur mon expérience, & fur celle d'un grand nombre de fabricants. Vous avez jugé à propos de communiquer ma Lettre à une perfonne eftimable par les qualités de fon cœur & de fon efprit. Ses objections vous ont fait impreffion, & vous defirez que j'y réponde. Cette entreprife ne me fera pas difficile. Mon fentiment eft appuyé fur les faits, & fur l'expérience. J'ai par conféquent un grand avantage fur l'opinion d'un homme d'efprit qui n'a que la théorie pour guide.

Votre ami, dont le cœur eft fenfible & humain, a été féduit par des apparences trompeufes, de faux raifonnements, & des préjugés populaires. Il ignore que les ouvriers Anglois ont une conduite entiérement oppofée aux principes qui fervent de bafe à fa façon de penfer. Je vais, pour fatisfaire à ce que vous exigez de moi, vous rappeller ce que je vous ai déjà mandé fur les impôts en général. J'y joindrai les objections de votre ami, & j'efpere y répondre d'une maniere fatisfaifante.

Il eſt queſtion de ſavoir ſi le commerce d'Angleterre a reçu quelque préjudice des impoſitions que le Gouvernement a été obligé de lever ſur les denrées dont le peuple fait uſage. Je ſoutiens que non ſeulement ces impoſitions n'ont pas été nuiſibles au commerce; mais qu'elles ont au contraire excité l'induſtrie générale, diminué la débauche & l'oiſiveté, & contribué à la perfection de nos manufactures & à la diminution du prix de la main-d'œuvre. Le préjugé public eſt à la vérité contraire à ma façon de penſer, & j'avoue qu'un grand nombre de perſonnes très-éclairées, tiennent pour maxime inconteſtable, qu'on ne doit jamais aſſujettir les néceſſités de la vie à de nouvelles impoſitions, par la raiſon qu'elles augmentent le prix de la main-d'œuvre, & la valeur de toutes les marchandiſes, & que par conſéquent elles diminuent nos exportations & notre commerce étranger.

Les plaintes générales qui ſe ſont élevées contre les nouvelles impoſitions, n'ont eu d'autre origine que ce préjugé; & les ennemis du gouvernement en ont profité pour augmenter le nombre de leurs partiſans. Ils n'ont pas eu de peine à perſuader aux perſonnes, qui n'ont qu'une connoiſſance ſuperficielle des matieres d'adminiſtration, que les taxes & les impoſitions ne peuvent manquer de détruire

un jour notre commerce étranger, &
d'entraîner la ruine de l'Etat. Je conviens
que fans le commerce étranger la Grande-
Bretagne ne feroit pas parvenue au degré
de puiffance où elle eft préfentement, que
fans ce commerce elle feroit hors d'état
d'entretenir une marine affez puiffante,
pour la protéger contre les entreprifes de
fes ambitieux voifins, & qu'enfin c'eft à
ce même commerce que nous fommes
redevables de la gloire dont nous jouiffons,
en tenant préfentement entre nos mains
la balance de l'Europe ; mais cette gloire
& cette puiffance, dont nous avons tant
de raifons de nous vanter, font une preuve
que les impôts ne font pas auffi funeftes
que le public en eft ordinairement perfuadé : s'ils l'étoient réellement nous en
fentirions quelques effets, & les Hollandois,
trois fois plus chargés d'impôts que nous
ne le fommes, auroient perdu depuis
long-temps tout commerce étranger, &
toute puiffance maritime. L'événement en
a décidé autrement, par rapport à eux,
& par rapport à nous. L'augmentation
fucceffive de toutes nos impofitions, &
en particulier des droits *d'excife* établis
par préférence fur les denrées néceffaires
à la fubfiftance, n'a pas été un obftacle à
l'accroiffement de nos exportations. Nous
fommes même préfentement plus puiffants
fur mer que nous ne l'avons j'amais été.

otre commerce eſt protégé par une marine redoutable & qui nous facilite les
moyens de l'étendre encore davantage,
tant que nous ferons aſſez ſages pour imiter
à cet égard l'exemple des Hollandois, &
que nous en ferons notre principal objet.
Les impôts énormes auxquels ce peuple eſt
aſſujetti, ne l'ont jamais empêché de faire
un commerce trés-avantageux, les particuliers y ont acquis des richeſſes immenſes,
& le bas prix de l'intérêt de l'argent eſt une
preuve inconteſtable de la grande quantité
d'eſpeces dont le commerce étranger a
enrichi cette nation. La Hollande ſeroit
ſans contredit, une puiſſance redoutable
ſur mer, ſi les riches négociants de cet
Etat étoient animés de l'amour de la patrie,
& pouvoient mettre des bornes au deſir
inſatiable des richeſſes, & à l'ambition
d'en acquérir tous les jours de nouvelles.
Mais quoique l'amour de la patrie paroiſſe
éteint aujourd'hui chez un peuple qui en
a donné autrefois l'exemple le plus frappant, il n'en eſt pas moins certain que
l'augmentation des taxes & des impôts,
ſoit en Hollande, ſoit en Angleterre, n'a
apporté juſqu'à préſent aucun préjudice
ſenſible & apparent au commerce de ces
deux nations, ni même diminué l'accroiſſement des richeſſes de leurs ſujets.

On oppoſe ordinairement à ces obſervations que l'accroiſſement des taxes & des

impositions augmentant la valeur des denrées nécessaires à la subsistance, le peuple & les ouvriers employés dans les manufactures, sont hors d'état de se les procurer, à moins qu'ils n'augmentent, dans la même proportion, le prix de leur travail, ce qui doit entraîner nécessairement une augmentation dans la valeur des marchandises, & causer un préjudice réel à notre commerce étranger. Je conviens que le peuple & les ouvriers sont en état d'exiger de leurs maîtres, & des fabricants, une moindre rétribution pour le prix de leur travail, & de leur main-d'œuvre, lorsque les denrées sont diminuées de valeur. On se tromperoit cependant si on croyoit que le peuple & les ouvriers se conduisent sur ce principe, & qu'ils diminuent effectivement le prix de leur travail, lorsque l'abondance succede à la disette. La théori est à cet égard absolument opposée à l'expérience. Tous ceux qui ont réfléchi avec quelque attention sur le genre & la conduite des ouvriers, se sont détrompés de cette opinion, & ont été convaincus que le peuple ne retire d'autre avantage de la diminution de la valeur des denrées, que celui d'employer moins de temps au travail. Dans les temps de cherté & de disette les ouvriers sont continuellement occupés ; tous sont animés au travail, & font leurs efforts pour satisfaire leurs maîtres, & ne

leur

leur fournir que des marchandiſes bien fabriquées. Il leur arrive même ſouvent, dans les années de cherté, de n'exiger pour le prix de leurs journées & de leur travail, qu'une rétribution moins forte que dans les temps d'abondance. On peut expliquer cette eſpece de paradoxe en obſervant, 1°. que les hommes ſont naturellement enclins à l'indolence & au repos, & que la néceſſité ſeule peut les forcer au travail & à l'induſtrie. 2°. Que le peuple ceſſe de travailler lorſque le gain de quelques jours l'a mis en état de ſe procurer d'avance les néceſſités de la vie, & qu'il ne reprend le travail qu'après avoir diſſipé tout ce qu'il a pu amaſſer. 3°. Qu'il eſt intéreſ-ſant pour le bien de la ſociété, ainſi que pour la tranquillité & le bonheur du peu-ple qu'il ſoit continuellement occupé.

Perſonne ne peut révoquer en doute, que le grand nombre d'habitants ne ſoit la ſource principale des richeſſes & de la puiſſance d'une Nation. Mais lorſque les pauvres ſont ſans travail, & lorſqu'ils paſ-ſent leur vie dans l'oiſiveté, la grande population n'eſt plus qu'un fardeau acca-blant pour l'Etat, & elle l'appauvrit bien-loin de l'enrichir. Toutes les fois au con-traire que le travail & l'induſtrie augmen-tent dans une Nation, le nombre des ha-bitants paroît s'y multiplier, & l'occupa-tion convertit en richeſſes & en puiſſance,

P

ce qui n'étoit auparavant qu'une charge
inutile à l'Etat.

Votre ami prétend que l'Angleterre ne
doit pas être confondue avec ces Nations
infortunées où les pauvres ne travaillent
que lorsqu'ils y font forcés par la néceffité. Il eft perfuadé que les Peuples plongés
dans la débauche, ou foumis à un Gouvernement tyrannique, qui peut les dépouil-
ler arbitrairement du fruit de leurs travaux, font les feuls expofés à ce degré de
malheur ; mais que dans les Pays où la
vertu eft en honneur & l'induftrie récom-
penfée, tous les Citoyens defirent également l'état du mariage , & ne négligent
aucun des moyens qui peuvent faciliter
cette union & la rendre heureufe.

Je defirerois de tout mon cœur connoître une Nation dont le Peuple fût moins
porté à la débauche & à l'oifiveté que celui
d'Angleterre, & que votre ami pût réalifer
à mes yeux le tableau de nos mœurs, qu'il
donne pour modele à toutes les Nations
commerçantes ; mais j'avoue avec douleur
que l'expérience ne prouve que trop, combien le Peuple Anglois eft peu reffemblant
au portrait qu'il vous en a tracé, & il ne
me fera pas difficile de vous en donner
par la fuite des preuves trop convain-
cantes.

Votre ami convient avec moi qu'un
travail continuel eft également avantageux

à l'Etat & aux particuliers qui compofent le corps de la Nation, & il ajoute avec grande raifon que le mariage eft le moyen le plus fûr d'empêcher le Peuple de fe livrer à l'oifiveté. L'ouvrier, pere de famille feroit en effet hors d'état de fournir à la nourriture de fa femme & de fes enfants fans un travail affidu. La néceffité lui en fait contracter l'heureufe habitude, & l'aifance que lui procure le travail, eft pour lui un attrait puiffant qui l'encourage à s'y livrer avec encore plus d'ardeur, & à inventer de nouveaux moyens pour le rendre encore plus profitable.

Les Etats commerçants font fans doute plus intéreffés que les autres à exciter dans les cœurs de leurs fujets le defir du mariage, & il feroit à fouhaiter, que les Peres de famille, principalement ceux de la claffe du Peuple, chargés d'un grand nombre d'enfants, puffent être diftingués de leurs Concitoyens par quelques marques d'honneur, & que le Gouvernement fût en état de leur accorder des gratifications annuelles, proportionnées au nombre de leurs enfants. Une taxe fur les Célibataires, dont le produit feroit uniquement deftiné & fidélement employé à accorder des gratifications aux peres de famille chargés de dix enfants, feroit de toutes les impofitions la plus jufte & la plus avantageufe à l'Etat. Le Célibataire, qui par le genre de vie dont il a fait choix, contribue moins que l'homme marié, aux impôts établis par le Gouvernement, seroit du moins assujetti à une imposition particuliere, dont il pourroit cependant se délivrer en changeant d'état.

Une Nation commerçante ne peut jamais être trop peuplée lorsque les terres y sont assez fertiles pour fournir des productions suffisantes à la subsistance de tous ses habitants, ou lorsque par le moyen d'un grand commerce, elle peut recevoir des pays étrangers, & en échange de ses manufactures, les denrées que le sol & le climat lui refusent. Ces denrées & toutes les nécessités de la vie sont d'une grande valeur dans tous les pays où une nombreuse population est rassemblée dans un territoire de peu d'étendue ; mais le prix du travail n'y sera jamais en proportion de la valeur des denrées, si des Loix sages & rédigées avec soin, y sont en vigueur, & si la Police y est exactement observée. La nécessité forcera le Peuple & les ouvriers à devenir plus laborieux & plus industrieux : ils chercheront de nouveaux objets de travail, & ils perfectionneront les manufactures déjà établies. En effet, on reconnoîtra aisément, en y faisant attention, que le prix de la main-d'œuvre se regle sur le nombre des ouvriers, & non pas sur la valeur des denrées. Le Peuple exige peu

d'argent pour la récompenfe de fon travail, dans tous les pays où la population
eft nombreufe. Il ne fe croit jamais au contraire, fuffifamment payé, dans les lieux
où les habitants font en petit nombre, &
principalement dans ceux où les denrées
ont affez peu de valeur, pour qu'un
ouvrier puiffe fe nourrir par le travail
d'une demi journée. Une Loi de *natura-*
lifation générale qui accorderoit aux étrangers tous les droits des Citoyens, feroit
le moyen le plus fûr & le plus prompt
d'augmenter le nombre du peuple dans
un Etat, d'y faire baiffer le prix de la
main-d'œuvre & d'y animer l'induftrie.
Le fuccès en eft infaillible dans tous les
Etats dont une partie des terres eft inculte,
où le peuple peu laborieux eft porté à la
débauche & à l'oifiveté, & ne fe détermine au travail, que par la certitude d'une
grande récompenfe.

Les Manufacturiers & les Fabricants ont
des débouchés prompts & avantageux de
leurs marchandifes dans les pays étrangers, toutes les fois qu'ils peuvent les vendre à bon marché & de bonne qualité.
La vente répétée procure alois au Peuple
& aux Ouvriers une occupation continuelle. Si nous pouvions parvenir à avoir dans
les pays étrangers la préférence pour la
vente des marchandifes de nos Fabriques,
non feulement nos Manufacturiers travail-

leroient à l'envi les uns des autres à per
fectionner leurs ouvrages , mais ils cher-
cheroient encore les moyens d'attirer des
pays étrangers les autres efpeces de fabriques , qui y font anciennement établies,
& ils profiteroient des découvertes & de
l'induftrie des Peuples les plus éloignés.
Nous pourrions même efpérer de devenir
la nation la plus puiffante & la plus redoutable , fi avec tous ces avantages , nous
étions affez heureux , pour que nos Miniftres puffent agir de concert dans l'exécution des projets adoptés par le Gouvernement , pour étendre & protéger notre
Commerce.

Je vous ai fait obferver dans ma lettre
précédente , que fuivant le témoignage
de toutes les perfonnes intéreffées dans
les Manufactures du Royaume, les Ouvriers ne travaillent ordinairement que
quatre jours par femaine dans les années
d'abondance, & dans les temps où toutes les denrées fe vendent à bon marché,
& que les Fabricants forcés pour lors à
augmenter le prix des journées de leurs
ouvriers en trouvent avec peine le nombre
dont ils ont befoin. Les ouvriers paroiffent au contraire fortir de leur indolence
naturelle, auffi-tôt que la cherté des denrées commence à fe faire fentir. Ils fe rendent alors en foule chez les Fabricants, &
demandent à être employés à quelque prix

ue ce puiffe être. Ils offrent eux - mêmes
e diminuer le prix de leurs journées, &
omme la perte d'un feul jour de travail
es mettroit hors d'état de fe procurer leur
ubfiftance, ceux qui, quelques mois auparavant, travailloient à peine quatre jours
ans la femaine, ne reftent pas oififs un
feul moment.

Il n'y a perfonne qui ne puiffe fe convaincre par foi-même, que dans les années où
le bled & les autres néceffités de la vie font
à bas prix, les cabarets & les lieux defti-
nés aux plaifirs du Peuple, ne ceffent
d'être fréquentés par les ouvriers, qui
abandonnent les Atteliers des Fabricants,
pour fe livrer à la débauche & à l'oifiveté;
ils femblent même rejetter avec une forte
de mépris les offres que leur font les maîtres, auxquels ils font valoir leur attache-
ment lorfqu'ils fe déterminent à les ac-
cepter.

L'expérience ne prouve que trop que
l'efprit du Peuple eft tel que je le repréfente, & j'ofe foutenir en conféquence de
cette trifte vérité, que fi les ouvriers ne
perdoient aucun jour de la femaine, &
qu'ils les employaffent tous également au
travail, les impofitions levées fur les néceffités de la vie pourroient être portées au
double de ce qu'elles font préfentement.
Le Peuple cependant feroit, malgré cette
augmentation d'impofition, moins pauvre

qu'il ne l'est aujourd'hui, & seroit même plus en état de se procurer les commodités & les douceurs convenables à sa condition.

Votre ami répond à ces observations, qu'elles ne sont fondées que sur les plaintes des Manufacturiers & des Fabricants, que le desir du gain rend insatiables, & qu'elles ne peuvent être adoptées que par ceux, qui n'ont que des connoissances superficielles de ce qui se passe dans les manufactures. Il ajoute que par des recherches exactes & suivies pendant une longue suite d'années, on peut se convaincre, que le prix de la main-d'œuvre a, dans tous les temps, été proportionné à la valeur des denrées; que c'est en conséquence de cette proportion, qui est invariable, que les ouvriers exigent présentement un Schelling pour la même quantité de travail, qui n'étoit payé qu'un sol, il y a quatre siecles. Il observe enfin que chez toutes les Nations policées, le Peuple n'est payé de son travail, que dans la proportion nécessaire, pour engager les jeunes gens des deux sexes à se marier, & à accomplir le premier de tous les commandements; qu'il résulte de cette heureuse proportion, que le Célibataire paresseux & indolent est déterminé au mariage par la pauvreté même, qui accompagne toujours l'oisiveté.

Je répondrai à cette objection , que je ne suis pas dans le cas de ceux qui n'ont que des connoissances superficielles des Manufactures , qui écrivent sans pratique de l'Art & qui n'ont que la théorie pour guide. Mon opinion est fondée sur ma propre expérience & sur celle des Fabricants. Tous conviennent que le bas prix des Denrées cause le plus grand préjudice aux Fabriques de ce Royaume , ainsi qu'aux ouvriers qui y sont employés , & contribue de plusieurs manieres à l'augmentation du prix de la main-d'œuvre.

Je suis très-éloigné d'admettre pour principe que le prix de la journée de l'ouvrier est toujours proportionné à la valeur des Denrées : je soutiens au contraire que cette proportion n'existe jamais. En effet , on a vu très-souvent le bled augmenter de deux Schellings par boisseau d'une année à une autre , & les journées d'ouvrier rester au même prix. Cette augmentation de la valeur du bled rend le Peuple plus malheureux , que toutes les taxes & tous les impôts auxquels il est assujetti. La disette se fait toujours sentir en Angleterre après la révolution de quelques années d'abondance. Les ouvriers laborieux ne manquent cependant dans aucun temps des nécessités de la vie , & le prix de leur travail est toujours le même. Les années de cherté exigent à la vérité plus d'attention de la part de la

Police pour contenir le Peuple , & arrête des plaintes & des murmures dont le conséquences peuvent être dangereuses. I est ordinaire de voir dans ce même temp un grand nombre d'ouvriers implorer l secours des charités publiques , & y expo- ser l'extrêmité de leurs miseres ; mais tous ceux qui dans ces années malheureuses ont été chargés de distribuer les secours publics, se sont convaincus par eux-mêmes, que les ouvriers les plus indigents & les plus portés à la sédition & au soulévement , étoient les mêmes qui avoient profité des années d'a- bondance, pour ne travailler qu'une partie de la semaine, & que la nécessité d'un tra- vail assidu, étoit le véritable motif de leurs plaintes & de leurs murmures. Tous les Ma- nufacturiers éprouvent par eux-mêmes que les ouvriers augmentent, au préjudice de leurs maîtres, le prix de leurs journées & de leur travail , sans exiger cependant une plus forte rétribution , & qu'ils mettent en usage ce funeste secret dans les années d'abondance. Comme les ouvriers pour lors ont moins besoin de leurs maîtres, que dans tout autre temps , ils négligent leur travail , dissipent & perdent une par- tie des matieres premieres , en rendent des comptes infideles , & fournissent des mar- chandises mal fabriquées. Toutes ces ma- nœuvres dangereuses pratiquées par les ouvriers , lorsque les denrées sont à bon

arché , forment un furcroît de dépenfe
our le Manufacturier , augmentent réel-
ment le prix de la main-d'œuvre, & ex-
ofent l'Etat à perdre par la mauvaife qua-
té des Marchandifes , les branches les
lus importantes de fon commerce. Les
abricants font non feulement expofés à
a mauvaife foi des ouvriers, mais ils font
ncore, obligés pour fixer leur inconftance,
pour les empêcher de travailler pour
d'autres maîtres , de les payer d'avance
pour la façon des Etoffes & des Marchandifes. Ces avances dégénérent fouvent en
perte réelle , par la mauvaife foi des ouvriers, qui quittent leurs maîtres & abandonnent les fabriques. Je connois plufieurs
Manufacturiers de *Crêpe* établis à Norvich ,
qui ont perdu en pareilles avances depuis
cinquante jufqu'à quatre-vingts livres fterling , dans le cours d'une feule année.
Lorfqu'une confommation fubite & confidérable de quelques marchandifes détermine les Manufacturiers à augmenter le
nombre des étoffes qu'ils font dans l'ufage
de fabriquer, les ouvriers inftruits de l'em-
preffement des confommateurs, & du befoin que les maîtres ont de leurs bras,
augmentent le prix de leur main-d'œuvre,
& forment entr'eux des ligues & des cabal-
les, qui jettent les maîtres dans le plus
grand embarras , & les obligent enfin à
fe rendre aux volontés des ouvriers. On

en voit également un grand nombre s'ab
senter des manufactures, & passer quelquefois plusieurs jours de suite à ne rien
faire, lorsqu'ils savent que les Correspon-
dants de leurs maîtres, leur ont demandé
une grande quantité de marchandises. La
nécessité de les employer leur fait espérer
alors une augmentation du prix de leur
travail, ils en abusent pour être payés
d'avance, & ils exercent sur les Fabricants
une véritable tyrannie. Les années d'abondance sont le seul temps où les ouvriers se
portent à tous ces excès. Le travail leur
est trop nécessaire dans les temps de disette, pour admettre ces différentes combi-
naisons. Ce n'est au contraire que dans
ces années malheureuses, que les Manufactures se perfectionnent, au moyen de
la grande concurrence des ouvriers, & de
leur émulation réciproque, qui les excite à
se surpasser les uns & les autres. On peut
observer d'ailleurs, que lorsque les ouvriers sont forcés par la cherté des Denrées à travailler tous les jours de la semaine, & à n'en perdre aucun, ils menent
alors une vie sobre & réglée, & toutes les
étoffes & les marchandises qui sortent de
leurs mains sont bien fabriquées. La débauche, au contraire, augmente le dégoût &
la répugnance que les ouvriers ont naturellement pour le travail & l'occupation,
& lorsque la nécessité les oblige de repren-

dre leur travail ordinaire, ils se ressentent de la débauche des jours précédents. Leur tête est pesante, leurs mains sont tremblantes & il leur est impossible de fabriquer des marchandises de bonne qualité. Personne n'ignore qu'une étoffe fabriquée par un ouvrier sage & toujours occupé, est d'une qualité bien supérieure à celle qui sort des mains d'un ouvrier paresseux & débauché. Le Chevalier Guillaume Temple remarque que l'habitude est si forte sur les hommes, qu'il leur est aussi difficile de demeurer dans le repos & dans l'inaction, après avoir été accoutumés à un travail suivi & non interrompu, que de se livrer à un travail constant & habituel après avoir passé une partie de leur vie dans l'oisiveté. L'Etat & les ouvriers eux-mêmes doivent donc desirer de pouvoir gagner dans tous les temps six Schellings en travaillant assidûment les six jours de la semaine, plutôt que de retirer la même rétribution pour la récompense de quatre jours de travail, en se reposant le reste de la semaine, ou ce qui revient absolument au même, il seroit du bien général, que les Denrées eussent toujours assez de valeur, pour que les ouvriers fussent dans tous les temps forcés d'employer utilement les six jours de la semaine, au lieu d'en passer deux dans l'oisiveté, comme il n'arrive que trop souvent dans les années

d'abondance. Le Peuple seroit alors sobr
& laborieux. L'ouvrier deviendroit meil
leur pere, meilleur mari, & meilleur Citoyen. Les uns & les autres plus en état
d'élever leurs familles, & de fournir à leurs
besoins, passeroient des jours plus tranquilles & plus heureux. On verroit enfin
les devoirs de la société & de la religion
pratiqués par des gens qui malheureuse-
ment n'en ont aucune idée. Il seroit donc
de la plus grande conséquence pour tous
les Etats, & principalement pour ceux qui
ne sont puissants que par le commerce,
qu'on pût imaginer quelque nouveau moyen
d'animer l'industrie, & de faire contracter
au Peuple l'heureuse habitude du travail
& de la sobriété.

On m'objecte que si les impôts augmen-
toient considérablement la valeur des denrées, les ouvriers seroient dans ce cas forcés d'abandonner la ville de Londres & de
se retirer dans les parties éloignées du
Royaume, où les Denrées étant à meilleur marché, ils seroient en état de se procurer plus facilement leur subsistance. On
ajoute même, que si cette ressource leur
manquoit, il seroit difficile de les retenir
dans le pays qui les a vu naître, & de
les empêcher d'aller chercher dans les pays
étrangers une habitation plus heureuse.
Cette objection n'est pas sans replique; en
effet, le Peuple ne sera jamais hors d'état

de se procurer sa subsistance, dans tous les pays où le travail n'est point interrompu, & où il se présente toujours de nouveaux objets d'occupation. Tous les pays commerçants en fournissent une preuve sans replique. Le grand nombre d'hommes rassemblés dans les villes commerçantes y rendent toutes les Denrées & toutes les nécessités de la vie d'une valeur considérable ; mais le Peuple & les ouvriers qui y sont continuellement occupés, retirent de leur travail de quoi subvenir à leurs besoins, & à ceux de leur famille. Les richesses de l'Etat y sont même assez grandes pour que ceux qui, par l'age & les infirmités, sont incapables de travail, trouvent dans les fonds & les établissements publics, des secours qui les aident à supporter les malheurs inséparables de l'humanité. On peut même observer que les pays les plus peuplés, mais enrichis par le commerce, ne sont pas exposés aux dangers de la famine ; tandis que les disettes les plus cruelles, sont fréquentes dans ceux, où la population n'est pas nombreuse, où il y a peu de Manufactures, où le commerce étranger ne procure aucune occupation, & où le Peuple ne connoît que les travaux de l'agriculture. Telle a été la situation de l'Angleterre avant que le commerce y eût apporté les richesses dont elle jouit présentement, ainsi que nous l'apprenons de Stow

& de l'Evêque de Fleetwood, qui nous
ont transmis l'époque de toutes les famines
dont ce Royaume a été affligé dans les
siecles précédents. L'Auteur judicieux de
l'Apologie du Commerce & des Arts, dit à
la page 44 de cet Ouvrage, que les Habitants d'Ecosse, de Suisse & d'Allemagne,
ne quittent leurs montagnes & leurs forêts,
pour habiter les villes de Londres, d'Amsterdam & de Hambourg, que par la certitude où ils sont, de trouver facilement
dans ces villes, une subsistance qu'ils ne
peuvent se procurer qu'avec les plus grandes difficultés, dans les pays où ils ont
reçu le jour. Ce n'est pas certainement le
bon marché des Denrées qui les attire dans
ces villes ; elles y sont au contraire d'une
bien plus grande valeur que dans les lieux
de leur naissance; mais Londres, Amsterdam, & Hambourg offrent en tout temps
de l'occupation à l'homme industrieux, &
les ouvriers peuvent toujours s'y procurer
par leur travail de quoi satisfaire aux besoins de la vie ; avantage que les Montagnes d'Ecosse & de Suisse ; ainsi que les
Forêts d'Allemagne n'offrent pas toujours
à leurs habitants.

Je suis très éloigné de soutenir que les
nouvelles impositions, & l'augmentation
des anciennes, aient été en général avantageuses au Peuple. Mon projet est seulement de vous prouver, que les taxes établies
sucessivement

fucceſſivement dans ce Royaume , & les nouveaux impôts que le Gouvernement a été forcé par les circonſtances de lever ſur le Peuple, n'ont juſqu'à préſent augmenté ni le prix de la main-d'œuvre , ni la valeur des marchandiſes , & n'ont apporté aucun préjudice à notre commerce étranger. L'accroiſſement de nos exportations, depuis la révolution de 1688, prouve même , mieux que ne pourroient faire tous les raiſonnemens , les progrès du commerce. J'ai tâché de vous convaincre que les impoſitions ſur les Denrées dont les pauvres font leur principale conſommation , contribuent à animer l'induſtrie générale du Peuple , & à maintenir la main-d'œuvre à bas prix dans les Manufactures. Je crois vous avoir démontré par l'expérience de tous les Fabricants , que les ouvriers , bien-loin d'exiger de plus grandes rétributions dans les temps de diſette , baiſſent au contraire le prix de leur main-d'œuvre ; & je crois par la même raiſon pouvoir aſſurer , que ſi toutes les taxes auxquelles ſont aſſujetties les Denrées à l'uſage des pauvres, étoient ſupprimées tout-à-coup , & qu'il leur fût poſſible d'acheter ces mêmes Denrées , avec la moitié moins d'argent , le prix de la main-d'œuvre augmenteroit dans la même proportion , & notre commerce étranger ſeroit bientôt totalement anéanti. Il me paroît même démontré

Q

que dans ce cas, les ouvriers n'étant plus
excités au travail par la même nécessité,
qui les y force présentement, ils travail-
leroient beaucoup moins & fabriqueroient
à peine les marchandises nécessaires à la
consommation intérieure du Royaume,
qui doit être fourni avant les étrangers. Je
vous ai fait observer en effet que les années
d'abondance, & de Disette n'apportoient aucune différence dans le prix des journées
des ouvriers, & qu'elles étoient payées
également dans tous les temps. La seule
différence consiste donc en ce que ces ouvriers mettent à profit un plus grand nombre de journées, & travaillent avec plus
d'assiduité & d'attention lorsque le pain
est cher, que lorsqu'il est à bon marché.

Les défauts que je reproche au Peuple
& aux ouvriers Anglois, ne sont pas particuliers à cette Nation; on les trouve également en Hollande, & dans tous les Etats
commerçants. Tous les hommes sont portés
naturellement à l'indolence, & à l'amour
du repos, dans quelque lieu qu'ils aient
reçu le jour.

J'ai fait une comparaison exacte de toutes les impositions qui se levent en Angleterre & en Hollande, & je suis certain
que les ouvriers Hollandois paient à l'Etat,
les uns dans les autres, le tiers de la rétribution de leur travail, de manière qu'un
ouvrier d'Amsterdam qui gagne dans le

courant d'une année 300 florins , en paie réellement 1000 à la République , par la réunion de toutes les impofitions. Les con- tributions publiques n'ont pas été jufqu'à préfent portées à un pareil excès en Angle- terre; les ouvriers n'y paient, les uns dans les autres, que la dixieme partie des fom- mes qu'ils retirent de leur travail , & les impofitions de ceux qui vivent avec la plus grande économie , & la plus grande fobriété , & qui fe contentent du plus étroit néceffaire , ne forment qu'environ la trente- fixieme partie de ce qu'ils gagnent dans le courant de l'année (*). On ne remarque aucune différence dans la maniere dont les Anglois & les Hollandois fe nourriffent. Ils font ufage des mêmes aliments ; mais la livre de pain blanc coûte en Hollande

(*) Il s'en faut beaucoup que les impofitions payées par les ouvriers François, montent au dixieme du pro- duit de leur travail. Les ou- vriers employés dans toutes les Manufactures du Royau- me gagnent au moins, les uns dans les autres , quinze fols par jour , ce qui revient à 225 liv. par an , déduction faite des Dimanches & des Fêtes. Les ouvriers employés dans nos manufactures paient au plus 18 liv. les uns dans les autres , en réuniffant tou- tes les impofitions. La moi- tié du Royaume eft exempte des Aides & des Gabelles, & dans ces Provinces où la Taille & la Capitation font plus fortes que dans les Pays des cinq groffes Fermes , un ouvrier paie au plus 6 livres pour fa contribution à la taille & à la capitation. Il eft mê- me à propos d'obferver que les fimples ouvriers non ma- riés, & qui travaillent pour les maîtres , font dans pref- que toutes les Provinces exempts de taille , que la plupart ne font pas impofés à la capitation, ou que leurs maîtres la paient pour eux.

Q ij

trois fols, & la livre de viande neuf fols (*).
La journée d'un ouvrier ne fe paie cependant communément en Hollande qu'un
Schelling & deux fols Sterling (**). Le
prix de la main-d'œuvre y eft par conféquent plus bas qu'en Angleterre, & c'eft
par cette raifon, que le Peuple y eft généralement fobre & induftrieux. La grande
valeur des Denrées n'engage cependant pas
les Hollandois à s'expatrier & à fe refugier
dans les pays où ils pourroient fe les procurer à meilleur marché; car la Hollande
eft de tous les pays de l'Europe celui où
la population eft la plus nombreufe & les
terres les mieux cultivées. Les pauvres font
toujours affurés d'y trouver de l'occupation, & la néceffité les oblige à travailler
tous les jours de la femaine. Plufieurs même d'entr'eux ne fatisfont pas au précepte
du Dimanche, & ne prennent aucun jour
de repos. Le travail leur eft devenu une
habitude néceffaire, & ils le préférent aux
plaifirs que le commun des hommes recherche avec tant d'ardeur. L'oifiveté, mere de
tous les vices, & dont l'Empire s'étend

(*) L'Auteur de la Lettre fait fes calculs en monnoies d'Angleterre, où le fol a une valeur double du nôtre; il en réfulte que la livre de pain blanc coûte en Hollande fix fols de notre monnoie, & la livre de viande dix-huit fols.

(**) Un Schelling & deux fols Sterling font vingt-huit fols de notre monnoie. Il s'en faut beaucoup que les journées de nos ouvriers foient d'un prix auffi confi-dérable.

chez toutes les Nations, a fait place dans cet heureux pays à l'honnêteté, à l'industrie, & à la fobriété. Les crimes font extrêmement rares chez ce peuple vertueux. Quelque grand nombre d'habitants qu'il y ait dans la ville d'Amsterdam on n'y condamne pas à mort plus de quatre criminels par an, & on ne rencontre aucun mendiant dans les rues. Heureux effet du bas prix de la main-d'œuvre, ou ce qui eft la même chofe de la plus grande valeur des Denrées néceffaires à la fubfiftance. Il eft cependant à propos d'obferver que les Hollandois ont une police admirable par rapport à leurs pauvres, & que leurs Loix fur cet objet important de légiflation, contiennent les difpofitions les plus fages, & font exécutées avec la plus grande exactitude. Je fuis toujours étonné que l'exemple d'un Peuple fi voifin de nous, n'excite pas l'attention de nos Légiflateurs & ne les détermine pas à publier des Loix dont l'exécution rigoureufe banniroit la mendicité, arrêteroit la débauche, détruiroit l'oifiveté, donneroit de l'occupation aux pauvres, fourniroit des reffources à l'honnête induftrie, & foulageroit les Propriétaires des terres de l'impofition de la taxe des pauvres qui s'augmente annuellement, & dont le poids devient tous les jours plus accablant. Les Légiflateurs ne peuvent employer leur vigilance à un objet plus digne de leur attention : il dépend d'eux de donner des Loix dont l'effet nécessaire seroit de répandre dans toutes les classes de la partie industrieuse de la Nation, l'esprit de travail, de frugalité & d'économie, & de rendre vertueux, & par conséquent heureux six à sept millions d'habitants. Le degré de perfection que pourroit acquérir notre administration, sur cet objet important, contribueroit sans doute à l'accroissement de notre commerce, de notre population, de nos richesses, & de notre puissance. Nous avons lieu d'espérer que nos Ministres ne borneront pas leurs soins patriotes, à fixer les limites des nouvelles possessions que la derniere guerre nous a fait acquérir dans le nouveau monde, & à les mettre en sûreté contre les entreprises injustes de nos ambitieux voisins ; mais qu'ils s'occuperont également à remédier à la débauche & à l'oisiveté. Il est digne de leur sagesse, de leur vigilance & de leur amour pour le bien public de prévenir, & d'arrêter deux maux aussi funestes dans la société. Les taxes établies sur les Denrées nécessaires à la subsistance, & qui ont excité tant de clameurs dans toutes les parties du Royaume, contribuent à la vérité à animer le travail & l'industrie ; mais elles ne sont pas un moyen suffisant pour bannir entiérement la débauche & l'oisiveté. Il est par conséquent très-intéressant

que le Gouvernement rende inceſſamment
une Loi nouvelle, qui aſſure la ſubſiſtance
des véritables pauvres, & empêche la mendicité; il eſt également néceſſaire que cette
loi ſoit rédigée avec la plus grande attention, & qu'on l'exécute avec la plus grande
exactitude.

On ne ceſſe de repréſenter les taxes im-
poſées ſur les Denrées néceſſaires à la ſubſiſtance des pauvres, comme deſtructives
de notre commerce étranger. L'expérience
apprend cependant que les droits ſur la
conſommation ſont les impôts les moins
préjudiciables à un Etat, & ceux qu'il
ſeroit néceſſaire de conſerver, s'il étoit
poſſible de ſupprimer les autres. L'Auteur
eſtimable de *l'apologie des Arts & du
Commerce* qui a fait une étude particuliere
de cette matiere, & dont l'ouvrage m'a
fourni la plus grande partie des réflexions
que contient cette Lettre, propoſe dans
ſon ouvrage, d'imiter ce qui ſe pratique
en Hollande; c'eſt-à-dire de lever un impôt ſur le bled lorſqu'il eſt de peu de valeur, & d'en employer le recouvrement à
former un fonds, qui ſoit uniquement
deſtiné à ſoulager les indigents dans les
temps de maladie, de famine, de ceſſa-
tion d'ouvrage, ou autres calamités publiques. Les pauvres ſeuls auroient part à
cette diſtribution, dont la répartition ſe
feroit dans la proportion du nombre de

personnes, dont chaque famille seroit composée. Il ajoute qu'en adoptant ce projet chacun contribueroit à l'imposition dans la proportion de sa dépense, & que plus les pauvres seroient chargés d'enfants, plus ils recevroient de secours dans les temps malheureux.

Quelle que soit l'opinion de nos politiques spéculateurs sur la matiere des impôts qui portent sur les nécessités de la vie, & quelque grandes que soient les clameurs du Peuple contre cette partie des revenus publics, il est de toute vérité, & l'expérience le démontre, que l'oisiveté & la débauche sont la conséquence nécessaire & infaillible du haut prix de la maind'œuvre, ou du bas prix des Denrées; ces deux circonstances, malgré l'apparence de la contradiction, sont inséparables, & se confondent mutuellement. On peut assurer en effet que le prix de la main-d'œuvre est très-cher, & d'une valeur très-considérable, lor'qu'un ouvrier peut se procurer tous les besoins de la vie en ne travaillant qu'une partie de la semaine, ainsi qu'il n'arrive que trop souvent dans ce Royaume. Je puis d'ailleurs ajouter que l'oisiveté & la débauche sont les suites naturelles du haut prix de la main-d'œuvre & du bas prix des Denrées, & vous en conviendrez avec moi en jettant les yeux sur les différents Etats de l'Europe.

Vous pouvez obferver avec un peu d'attention, que les pays où le Peuple & les ouvriers vivent à meilleur marché, où ils peuvent fe procurer à moins de frais les néceffités de la vie, & où le befoin ne les force pas à fe livrer à un travail continuel & affidu, font ceux où il y a moins de manufactures, d'induftrie & d'objets différents de commerce.

Le témoignage des perfonnes inftruites qui ont travaillé fur la matiere des impôts, & l'expérience des Etats voifins vont me fervir maintenant à lever toutes les difficultés qui peuvent vous refter, & donneront une nouvelle force à tout ce que j'ai dit jufqu'à préfent.

Le Chevalier Guillaume Temple propofe au Lord, Lieutenant d'Irlande, dans le difcours qu'il lui a préfenté, différents projets pour augmenter la valeur des Denrées de ce Royaume, comme étant le moyen le plus fûr d'en étendre le commerce, & d'y exciter l'induftrie du Peuple. Les Chevaliers Guillaume Petti & Jozias Childs, Meffieurs Polixfen & Gée & beaucoup d'autres Auteurs obfervent que le Commerce ne peut être étendu & floriffant dans les pays où les néceffités de la vie font de peu de valeur. L'Auteur de l'*apologie du Commerce & des Arts* que j'ai déjà cité plufieurs fois, obferve à la page 69 de fon ouvrage, que les pays fertiles,

& dont la population est peu nombreuse,
jouissent rarement d'un commerce florissant, & il en donne pour raison, qu'une
grande partie des productions de ces pays
devenant inutile par le petit nombre des
consommateurs, les propriétés y sont de
peu de valeur, les Denrées trop abondantes, & à très-bon marché, & la main-
d'œuvre très-chere. Le célebre Docteur
Franklin, après avoir parlé *dans ses observations sur l'accroissement du genre humain,*
du nombre prodigieux d'habitants que
renferment nos Colonies septentrionales
de l'Amérique, où les Anglois ne sont
cependant établis que depuis environ 150
ans, dit que le terrein possédé par l'Angleterre dans cette Partie du monde, est
d'une si grande étendue, que malgré cet
accroissement prodigieux de population, il
ne peut être entiérement peuplé, qu'après
la révolution d'un grand nombre de siecles,
& que jusqu'à ce moment, la main-d'œuvre y sera toujours extrêmement chere. Il
attribue cette continuité du haut prix de
la main-d'œuvre, au changement d'état
dans ceux qui traversent les mers pour
aller habiter nos Colonies. La plupart de ces
passagers sont en effet des ouvriers, qui
trouvant difficilement à subsister, soit en
Angleterre, soit dans les autres pays de
l'Europe, se déterminent à changer de
climat. Ces ouvriers exercent en arrivant

en Amérique, les métiers qu'ils ont appris en Europe ; mais les gains qu'ils font en peu d'années, les mettent bientôt en état de devenir colons. Ils forment des habitations dont ils font propriétaires, & abandonnent leurs anciennes professions, pour être cultivateurs de leurs propres terres. Ce même Auteur prouve encore par plusieurs autres raisons que le haut prix de la main-d'œuvre en Amérique, sera pendant long-temps un obstacle insurmontable à l'établissement des manufactures d'Europe dans cette partie du monde. Je crois avoir lu dans les maximes de Hollande du fameux de With, que l'économie, l'industrie, & l'invention des nouvelles machines & des nouveaux objets de commerce étoient les suites nécessaires des grandes impositions que les différents Gouvernements exigent de leurs sujets. M. Locke remarque que de son temps l'industrie & l'économie des Hollandois étoit tellement supérieure à la nôtre, que nous ne pouvions pas vendre dans les pays étrangers, l'huile de navette au même prix qu'ils la vendoient eux-mêmes, quoiqu'ils en eussent acheté la graine en Angleterre, & que nous eussions fur eux l'avantage de la fabriquer dans le pays où s'en faisoit la récolte. M. Locke attribue l'industrie & l'économie de ce Peuple à la grande valeur des Denrées nécessaires à la subsistance. On peut aussi obſerver que, du temps d'Edouard III, les Draps fabriqués en Flandre ſe vendoient en Angleterre meilleur marché, que ceux qu'on fabriquoit dans ce Royaume, quoique les Flamands fuſſent obligés d'y acheter la matiere premiere de leurs Draps, & de payer des droits conſidérables de Douane, tant pour la ſortie des laines, que pour l'entrée de leurs étoffes. Ce qui prouve de la maniere la plus évidente tous les avantages que les Nations peuvent retirer de l'induſtrie & de l'économie. Je puis ajouter encore pour confirmer tout ce que j'ai dit juſqu'ici, que tous les Etats renommés par le commerce, ſoit dans l'antiquité, ſoit dans les temps modernes, n'ont eu que des territoires peu étendus, & que la grande population y donnoit une valeur conſidérable à toutes les néceſſités de la vie, Tyr, Sidon, Carthage, Athenes, Rhodes, Syracuſe, Aggrigente, Marſeille, Veniſe, la Hollande, & les villes anſéatiques ſont une preuve de cette vérité.

Votre ami objecte à ces différentes obſervations qu'en remontant aux temps les plus reculés de l'antiquité, & en ſuivant exactement les progrès du Commerce, on ne l'a vu proſpérer que dans les pays où il étoit protégé, & où les Denrées néceſſaires à la vie étoient en abondance ; au lieu qu'il s'en eſt éloigné toutes les fois que l'une de ces deux circonſtances a ceſſé d'exiſter.

Je foufcrirois volontiers à l'opinion de
mon adverfaire, s'il fe bornoit à dire, que
le Commerce protégé par le Gouvernement,
attire toujours les hommes dans un Etat,
& qu'il en augmente la population. Il
eft néceffaire en effet que le Peuple foit
réuni en corps de fociété avant que de fe
livrer aux entreprifes de commerce, & ce
n'eft que par l'établiffement d'une bonne
Police que les hommes font attirés d'un
Etat dans un autre. Ils cherchent à habiter les Lieux où les Loix affurent les propriétés, & fourniffent de l'occupation à
ceux qui en font privés. La valeur des
Denrées augmente alors infenfiblement ; le
prix de la main-d'œuvre diminue dans la
même proportion, les Manufactures fe perfectionnent, le Commerce étranger prend
tous les jours de nouveaux accroiffements,
& l'Etat acquiert continuellement de nouvelles richeffes & de nouveaux habitants.
On ne quitte le lieu de fa naiffance, que
parce qu'on y manque d'occupation, &
qu'on eft affuré d'en trouver chez les Etrangers. Les Peuples qui ont un grand nombre d'objets de travail & d'occupation, ne
manquent jamais des Denrées néceffaires
à leur fubfiftance, parce que les terres
y font toujours bien cultivées, ainfi qu'on
le voit en Hollande, le pays de l'Europe
qui contient le plus d'Habitants dans la
même étendue de terrein. La Difette &

la Famine n'affligent jamais les Etats enrichis par le commerce. Le nombre des
habitants peut y être, fans dangers &
fans inconvéniens, fupérieur à la quantité des productions néceffaires à leur fubfiftance. Ils peuvent dans tous les temps fe
procurer chez les Nations voifines de quoi
fuppléer à leurs propres moiffons, & leurs
voifins s'empreffent de leur porter le fuperflu de leurs denrées, en échange des marchandifes dont ils ont befoin. Les Etats où le
Commerce & les Arts font floriffants ne
peuvent donc jamais être dans une Difette
abfolue de Denrées, & le Peuple y trouve
en tout temps du travail & de l'occupation. La Hollande en eft un exemple que
je cite fouvent ; mais il eft trop frappant
pour que je craigne de me répéter. La
liberté dont on jouit dans cet Etat, la
bonté de fon Gouvernement, & l'étendue
de fon Commerce y ont attiré un fi grand
nombre d'habitants, que les terres, quoique cultivées au plus haut degré de perfection, y produifent cependant des récoltes toujours inférieures à la quantité néceffaire pour la fubfiftance du Peuple. La
néceffité de tirer des pays étrangers une
grande partie des Denrées, jointe aux
fortes impofitions établies fur les confommations, en rend par conféquent la valeur
très-confidérable ; mais les malheurs de la
Difette & de la Famine, ne s'y font jamais

fentir, & le haut prix des Denrées néceffaires à la fubfiftance ne porte aucun préjudice à fon commerce.

L'affurance de trouver en tout temps du
travail & de l'occupation eft le véritable
motif qui engage les hommes à qu'tter
leur pays natal ; le defir de fe procurer
une fubfiftance moins coûteufe, n'eft pas
ce qui les attire dans les pays étrangers.
Suivant l'Auteur judicieux de *l'apologie du
Commerce & des Arts*, tout Etat qui joint
à un Commerce floriffant, un Gouvernement doux & équitable, où les impôts
font répartis avec juftice & proportion,
où toutes les Religions font tolérées, où
chaque Citoyen vivant fous la protection
des Loix, n'a rien à redouter pour fa liberté & fes propriétés, & où les étrangers jouiffent de tous les droits des naturels du pays, ce peuple attire continuellement de nouveaux habitants. Les hommes
indigents, malheureux, perfécutés, mais
induftrieux fe rendent de toutes les parties du monde dans un pays qui jouit de
ces précieux avantages. Ils y accourent en
foule & changent bientôt les Etangs & les
Marais en riantes Prairies; les Rochers ari-
des fe couvrent de verdure, & ce qui
étoit défert & en friche devient des plai-
nes fertiles & des habitations délicieufes.

Tout le monde convient que les Denrées de premiere néceffité font d'une

très-grande valeur en Hollande. Le desir
de se procurer une subsistance peu coûteuse
n'est donc pas le motif qui y attire les
étrangers. L'industrie des Hollandois seroit même éteinte depuis long-temps, si
le prix de la main-d'œuvre étoit toujours
dans une proportion exacte avec la valeur
des Denrées. Dans ce cas, la perte de
l'industrie auroit entraîné depuis long-
temps celle du commerce étranger, qui
procure aux habitants de cette République
leurs immenses richesses; mais quoiqu'une
grande population dans un petit territoire,
y fasse nécessairement augmenter la valeur
des Denrées, il n'est pas moins certain,
que dans tous les Etats soumis à une bonne
Police, & gouvernés par des Loix sage-
ment rédigées, cette réunion d'habitants
contribue à conserver le bas prix de la
main-d'œuvre, anime l'industrie dans toutes les classes du peuple, & les oblige à
ne pas sortir des bornes que leur prescri-
vent la frugalité & l'économie. Une loi
de naturalisation générale qui offriroit aux
Etrangers tous les droits des Citoyens seroit donc, comme je vous l'ai déjà fait
observer, l'expédient le plus utile, pour
augmenter la puissance du Royaume, &
lui procurer en même-temps de nouvelles
richesses & une population plus nombreuse. La suppression du droit odieux d'*Au-
baine* attireroit en Angleterre, dans un
très-

très - petit nombre d'années , beaucoup
d'étrangers , qui , partageant avec les anciens sujets toutes les différentes professions , perfectionneroient la culture de nos
terres , ainsi que nos fabriques & nos manufactures. Nos Marchandises auroient alors
la préférence dans tous les pays étrangers ,
& notre Commerce l'emporteroit à tous
égards sur celui de nos rivaux. Le projet
d'une naturalisation générale a déjà été
agité. Quelques personnes s'y sont opposées, sous le prétexte que le concours des
étrangers que cette loi attireroit dans le
Royaume, seroit assez grand pour y occa-
sionner une Disette des Denrées nécessaires à la subsistance , & en augmenter la
valeur, au point de réduire les Naturels
du pays aux dernieres extrêmités. Je conviens en effet que la valeur des Denrées
nécessaires à la subsistance , peut augmenter par un accroissement de population
subit & considérable ; mais il est morale-
ment impossible que dans un Etat enrichi
par un Commerce étendu , les pauvres
puissent jamais éprouver les malheurs de
la famine. Quelque grand que pût être
l'abord des Etrangers, qu'attireroit parmi
nous la loi d'une *naturalisation* générale,
il s'écouleroit un grand nombre d'années,
avant que l'Angleterre fût, par rapport à
la valeur des Denrées , de *niveau* avec la
Hollande , où , comme je vous l'ai fait

R

obferver, les impôts fur la confommation
font très-confidérables ; d'ailleurs il s'en
faut beaucoup que nos terres foient auffi-
bien cultivées, quelles font fufceptibles de
l'être , & on en trouve d'incultes dans toutes les parties du Royaume. Les défriche-
ments auxquels les Etrangers pourroient
être employés & l'amélioration de notre
culture , accroîtroient probablement la
quantité de nos productions; & bien-loin
d'en augmenter la valeur contribueroient
à la diminuer. Il n'y a pas lieu de préfumer que la population de l'Angleterre puiffe jamais être affez nombreufe pour que le
Royaume foit obligé , ainfi que la Hollande , de tirer des Etats voifins une partie
des Denrées néceffaires à la fubfiftance de
fes habitants ; mais fi ce prétendu malheur
arrivoit jamais, l'Angleterre , auroit non
feulement les mêmes reffources que la Hollande , mais elle auroit encore l'avantage,
ou de tirer des Colonies de l'Amérique une
partie de fa fubfiftance ; ou de faire tranf-
porter , fi je puis m'exprimer ainfi , le fuperflu de fa population dans ces mêmes
Colonies.

La loi de *naturalifation* générale ne feroit donc en aucune maniere préjudiciable à l'Angleterre : elle feroit au contraire
avantageufe à toutes les claffes du Peuple.
Les terres défrichées & remifes en culture , augmenteroient les revenus du Clergé,

auffi - bien que celui de la Nobleffe & le
nombre des cultivateurs ; les Manufactures fe perfectionneroient , & les marchandifes mieux fabriquées , & de moindre valeur , auroient un débit plus confidérable
dans les Etats voifins. Le commerce étranger feroit de nouveaux progrès , & enri-
chiroit par conféquent le Manufacturier ,
le Commiffionnaire , le Marchand , &
tous ceux que l'induftrie & le commerce
font fubfifter. Le Peuple feroit continuellement occupé. La méchanique aideroit
l'induftrie par l'invention de nouvelles
machines , qui multiplieroient le travail
en diminuant le nombre des ouvriers. La
fobriété & l'économie feroient des vertus auffi communes qu'elles font rares préfentement. Les ouvriers pareffeux & débau-
chés , qui ne travaillent que quatre jours
dans la femaine , pour en paffer les deux
autres dans l'oifiveté & dans la débauche ,
fe plaindroient fans doute ; mais ils n'exci-
teroient aucune pitié : ils feroient forcés
d'imiter les Etrangers devenus leurs compatriotes , & de vivre ainfi qu'eux avec
tempérance & frugalité. Le Miniftere ac-
tuel paroît être fort éloigné d'adopter le
projet de *naturalifation* générale , que plufieurs autres Etats de l'Europe ont exécuté
avec fuccés ; mais ce qui n'a pas lieu dans
un temps s'exécute fouvent dans un autre ,
& il y a lieu d'efpérer que les Miniftres à

venir, inftruits & éclairés par les fautes
de leurs prédéceffeurs, fe rendront aux defirs des bons Citoyens, qui n'ont d'autre
intérêt que celui du bien public.

Les idées qu'on s'eft formé fur les impofitions relativement au prix de la main-
d'œuvre, me paroiffent auffi mal fondées
que celle dont le Public a été prévenu par
rapport à nos Dettes nationales. On les a
fait envifager long-temps comme devant
être la ruine inévitable de l'Etat. On penfoit même, il y a moins d'un fiecle, que
l'Angleterre feroit privée de tout commerce étranger, auffi-tôt que les Dettes
publiques feroient portées à trente millions
fterling. L'événement a juftifié combien
cette crainte étoit chimérique, nos exportations fe font accrues en même-temps que
les Dettes publiques, & notre commerce
étranger avoit déjà fait de très-grands progrès, lorfque l'Etat s'eft trouvé débiteur de
trente millions. Je ne prétends pas vous
mettre fous les yeux toutes les prédictions
de nos prétendus politiques, fuivant les
différents degrés de nos dettes nationales.
Vous vous rappellez fans doute qu'on af-
furoit très-pofitivement, il y a peu d'années, que fi l'Etat fe trouvoit malheureufement débiteur de cent millions, on feroit obligé d'établir des taxes & des impofitions, que notre commerce feroit dans
l'impuiffance de fupporter ; & que dans ce

cas nos Négociants, ne pouvant plus être
en concurrence avec les étrangers, le Gouvernement éprouveroit le malheur d'un
difcrédit général, & feroit par conféquent
forcé de manquer à fes engagements. Nos
derniers *Prophetes* n'ont pas été mieux inf-
pirés que ceux qui les ont précédés. Nous
voyons en effet, que quoique nous foyons
débiteurs de plus de 130 millions fterling,
notre commerce eft plus floriffant qu'il ne
l'a jamais été, notre crédit appuyé fur des
fondements plus folides, & nous fommes
parvenus à un degré de gloire & de puiffance, dont nos Ancêtres étoient fort éloignés. Je puis en dire autant de l: Hollande, dont les Dettes nationales font plus
confidérables que les nôtres, par comparaifon à la population & à la puiffance
des deux Etats. Les Dettes de cette République ont forcé fes Adminiftrateurs à lé-
ver fur les Peuples des impôts plus confidérables & plus onéreux, que ceux auxquels les Anglois font affujettis. Le commerce des Hollandois n'en a cependant
fouffert aucun préjudice. La Hollande eft
le pays de l'Europe le plus riche & le
plus peuplé, & Amfterdam eft le centre
où fe terminent les échanges réciproques
de toutes les Nations de l'Europe. On ne
voit dans aucun Etat des Négociants auffi
riches qu'en Hollande, & le Peuple le
plus induftrieux de la terre eft en même

temps le plus fobre & le plus économe.
Les richeffes des uns, & la frugalité des
autres, ont rendu les habitants de cet
heureux pays, nos rivaux dans le commerce, & fi les Dettes nationales entraînoient
tous les malheurs prédits par nos politiques, la République de Hollande ne fubfifteroit plus depuis un fiecle. Je me flatte
que ces différentes réflexions détruiront
dans votre efprit, l'opinion que vous vous
étiez formée fur les taxes, & fur les impofitions. Vous conviendrez en conféquence avec moi, qu'elles ne font pas auffi préjudiciables à une Nation, que le repréfentent des Obfervateurs fuperficiels ; &
en ne les confidérant que relativement aux
Denrées néceffaires à la fubfiftance dont
elles augmentent la valeur, elles vous paroîtront bien plus avantageufes que nuifibles à un État commerçant. Je fuppofe
cependant dans tout ce que je viens de
dire, que les taxes & les impofitions ne
font pas exceffives, qu'elles font proportionnées à la richeffe & aux forces de la
Nation, & c'eft heureufement la fituation
actuelle de ce Royaume.

Il me refte préfentement à répondre à
l'objection principale de votre ami, & fur
laquelle il paroît s'appuyer davantage. Il
foutient qu'il exifte néceffairement une
proportion entre le prix de la main-d'œuvre & la valeur des Denrées ; que cette

proportion doit être combinée de façon que la rétribution du travail soit suffisante pour que les pauvres & les ouvriers, tant qu'ils seront occupés, n'aient aucune inquiétude sur leur subsistance, & celle de leur famille, & que rien ne les éloigne du lien le plus nécessaire à la société, & vers lequel tous les hommes sont naturellement entraînés.

Je conviens que le prix de la main-d'œuvre doit être proportionné à la valeur des Denrées, & que tout Législateur qui se proposeroit de fixer la rétribution du travail des ouvriers, donneroit une loi injuste si la proportion n'étoit pas exactement observée ; mais je soutiens qu'il est impossible de la déterminer. En effet il est certain 1°. Qu'un homme marié, sage, industrieux & laborieux pourroit se procurer tous les besoins de la vie, dans le cas même où les Denrées auroient plus de valeur qu'elles n'en ont présentement, tandis qu'une diminution de plus de moitié de cette même valeur, n'empêcheroit pas que le Célibataire paresseux & débauché ne fût dans la plus extrême pauvreté. 2° Avant que de fixer le prix de la main-d'œuvre, il seroit nécessaire de régler la dépense des ouvriers, & de leur donner à tous la force & l'intelligence nécessaire pour remplir le même objet de travail pendant le même espace de temps. 3°. Lorsque le souverain

Légiſlateur a condamné l'Homme au travail, il a ordonné qu'un des jours de la
ſemaine lui ſeroit entiérement conſacré.
Il ſeroit donc indiſpenſable, en fixant le
prix de la main-d'œuvre, d'accorder à
l'ouvrier une rétribution ſuffiſante, pour
qu'il ne fût occupé le Dimanche que des
devoirs de la Religion, & que le travail
de ſix jours le mît en état de ſubſiſter le
ſeptieme. (*) Enfin l'aiſance ou la pauvreté des ouvriers dépend principalement de leur caractere. Il s'en trouve
dans les manufactures, qui non ſeu-

(*) *Note de l'Auteur.*

Il eſt impoſſible de dé-
terminer préciſément 1°. En
quoi conſiſtent les beſoins de
l'ouvrier & de ſa famille. 2°.
Le mot de *famille* eſt vague &
a une ſignification incertaine.
Les familles d'un Etat ne ſont
pas toutes compoſées du même
nombre de perſonnes. Les
unes en contiennent 4, &
les autres 10. 3°. Un ou-
vrier travaille 16 heures dans
ſa journée, tandis que d'autres n'en emploient que 6.
4°. La ſucceſſion des années
apporte des différences dans
l'eſpece, & la quantité du
travail dans un Etat & les
manufactures ne ſont pas toujours également employées.
5°. La diverſité des ſaiſons
& de la température de l'air,
la longueur ou la courte durée des jours exigent néceſſairement des différences dans
le prix du travail. 6°. L'argent n'a pas chez toutes les
Nations une égale valeur.
Une once de ce métal ſuffira
dans un pays pour acheter
un ſac de bled & payer
vingt journées d'ouvriers,
tandis que la même quantité
d'argent ſuffira à peine dans
un autre pour acheter un
boiſſeau de ce même bled,
ou payer cinq journées d'ouvrier. Dans quels embarras
& dans quelle perplexité ne
ſeroit pas le Légiſlateur pour
rendre une Loi qui fixât les
journées des ouvriers. Toutes ces circonſtances doivent
cependant être peſées lorſqu'on écrit ſur le prix de la
main-d'œuvre, & qu'on le
compare entre deux Etats différents.

lement ne fe refufent, ainfi qu'à leur
famille, aucune des néceffités de la vie,
mais qui par leur frugalité & leur économie, mettent en réferve une partie de
leur gain, & laiffent à leurs enfants une
fucceffion, qu'on peut regarder comme
opulente, pour leur condition. On peut
même remarquer que les ouvriers qui font
des épargnes, & qui laiffent après leur
mort, quelques fommes d'argent à partager entre leurs enfants, ont été mieux
nourris, & mieux vêtus, que ceux qui
dépenfoient exactement tout ce qu'ils ga-
gnoient, quoique les Fabricants payaffent
également le travail des uns & des autres.
Toutes ces confidérations prouvent qu'il
eft abfolument impoffible de fixer par une
loi équitable le prix de la main-d'œuvre.

Tout Légiflateur qui voudroit l'entreprendre feroit trompé, par le préjugé populaire, qui fait regarder la valeur des Denrées comme la bafe unique du prix de la
main-d'œuvre. Je crois vous avoir déjà
prouvé, que la main-d'œuvre peut être
très-chere, quoique les Denrées foient à
bon marché. Je vais peut-être me répéter;
mais je ne puis m'empêcher de faire quelques obfervations fur les expreffions de
cherté & de bon marché dont on fe fert fi
communément, & fur la relation qu'elles
peuvent avoir l'une à l'égard de l'autre.
L'Auteur de l'*Apologie du Commerce & des*

Arts, dont je rapporterai les propres paroles, prétend que le Peuple ne regarde les Denrées à *bon marché*, que lorsque les ouvriers peuvent se procurer toutes les nécessités de la vie en travaillant peu, & qu'il les regarde au contraire comme *très-cheres* lorsqu'il est obligé d'employer un travail assidu pour en avoir la même quantité. On voit dans les anciens titres conservés par les Historiens, que dans les temps reculés, & lorsque le boisseau de bled ne valoit, année commune, que deux Schellings, le prix de la main-d'œuvre étoit si considérable, que la rétribution de deux jours de travail mettoit un ouvrier en état d'acheter un boisseau de bled. Cependant soit que le boisseau de bled se paie présentement six Schellings, soit que sa valeur ne monte qu'à la moitié de cette somme, on n'apperçoit aucun changement dans le prix de la main-d'œuvre.

Je crois pouvoir rendre la vérité de l'observation de cet Auteur encore plus sensible, en renfermant tous les besoins de la vie, sous la seule dénomination du bled, & en supposant qu'un ouvrier qui gagne un Schelling par jour, n'a besoin que d'un boisseau de bled de la valeur de 5 Schellings, pour subsister lui & sa famille, pendant l'espace d'une semaine. Il est évident que dans cette supposition l'ouvrier n'est pas forcé à travailler les six jours de la femaine , & qu'indépendamment du Dimanche , entiérement confacré à la Religion , il peut prendre un fecond jour de repos. Si une récolte abondante diminue la valeur du boiffeau de bled d'un Schelling, l'ouvrier ne fera plus alors contraint qu'à travailler quatre jours de la femaine , & deux jours de repos ne lui paroîtront plus fuffifants. Il eft donc malheureufement vrai que lorfque les ouvriers font obligés de travailler cinq jours dans une femaine, ils ont acquis le droit de paffer le fixieme dans la débauche & dans l'oifiveté , & que lorfque le bon marché du bled n'exige que quatre jours de travail, ils peuvent, fans fe priver d'aucune des néceffités de la vie, en paffer deux à ne rien faire. En fuppofant au contraire qu'une mauvaife récolte faffe monter la valeur du boiffeau de bled à fix Schellings, il eft également évident que les ouvriers feront forcés de ne perdre aucun jour de la femaine & de fe livrer à un travail continuel qui leur deviendra indifpenfable pour leur fubfiftance & celle de leur famille ; mais comme le prix de la main - d'œuvre eft toujours dans une proportion fupérieure à celle de la valeur des Denrées néceffaires à la fubfiftance, il en réfulte que lorfque la valeur du bled oblige les ouvriers à travailler pendant toute la femaine, l'homme induftrieux eft non feulement en état de pourvoir à fa fubfiftance & à celle de fa famille, mais il lui eft même poffible de mettre en réferve quelques médiocres fommes d'argent. L'obligation de travailler fix jours dans la femaine, & de n'en avoir qu'un deftiné au repos, ne peut jamais être regardée comme cruelle & déraifonnable : elle a été impofée aux hommes par la Loi de Moyfe, & tout Etat commerçant qui defire augmenter fes richeffes & fa puiffance par l'accroiffement de fon commerce étranger, eft intéreffé à donner une nouvelle force à un commandement fi propre à rendre le Peuple fobre & induftrieux.

Je me flatte, Monfieur, qu'après avoir apporté à mes réflexions toute l'attention qu'elles me paroiffent mériter, vous conviendrez avec moi que tout ce qui peut contribuer à forcer le peuple à travailler les fix jours de la femaine, eft un véritable avantage pour lui & pour l'Etat. Vous devez reconnoître préfentement, que lorfque les Denrées font à bon marché, le prix de la main-d'œuvre augmente, qu'il diminue au contraire lorfque les Denrées néceffaires à la vie ont une valeur confidérable, & qu'en un mot le befoin feul peut forcer le Peuple au travail. Il eft impoffible d'évaluer exactement ce que gagneroit l'Angleterre fi tous les ouvriers des manufactures travailloient un jour de plus par femaine ; mais il eft très-vraifemblable que cette augmentation de travail, feroit fabriquer pour plus de 12 millions de marchandifes au-delà de ce que les fabriques en produifent dans les années ordinaires. Objet immenfe & qui mérite fans doute que le Miniftere y apporte une férieufe attention.

Les perfonnes compatiffantes objecteront fans doute, que la grande valeur des denrées néceffaires à la vie, obligeant les ouvriers oififs & pareffeux à travailler plus qu'ils ne font préfentement, il eft impoffible qu'il n'en réfulte un préjudice réel à l'égard de ceux qui font exempts de ces vices, & qui ont toujours mené une vie fage & laborieufe. Mais je réponds à cette objection, que l'induftrie générale du peuple, (fuite néceffaire de la grande valeur des denrées,) amenera bientôt l'abondance; que d'ailleurs la confommation devenant plus grande, le travail de l'homme fage & induftrieux lui donnera un nouveau profit, qui le dédommagera avec avantage de la cherté des denrées néceffaires à fa fubfiftance, & à celle de fa famille. Quoique je fois très-éloigné de penfer que ce que je regarde comme le bien général, puiffe être préjudiciable à l'ouvrier fage & laborieux; fi cependant il en arrivoit autrement, je reconnoîtrois alors l'ordre fupérieur de la Providence, qui permet quelquefois que les hommes

vertueux souffrent des vices des autres.
Ses décrets doivent être respectés; & c'est
se conformer à ce qu'elle prescrit, que
de donner la préférence au bien général,
dans le cas même où il ne peut s'opérer
sans faire tort à quelques particuliers. Il
est incontestable que le prix considérable
de la main-d'œuvre de nos ouvriers, prive
la nation de l'avantage de vendre ses
marchandises dans les pays étrangers, &
donne à nos voisins la préférence sur nous.
Il est par conséquent nécessaire de trouver
un remede contre un mal qui détruira,
avec le temps, tout notre commerce, qui
laissera notre peuple sans occupation, &
l'exposera à toutes les horreurs de l'indigence. Ce seroit donc une extrême injustice
que d'accuser de dureté & d'inhumanité
un Ministre, qui en augmentant la valeur
des denrées nécessaires à la vie, mettroit
la nation à l'abri de maux aussi funestes.

Les ouvriers sages & laborieux souffri-
roient un préjudice réel de l'augmentation
de valeur des denrées de premiere nécessité, sans qu'il en résultât un mal aussi
grand que vous pouvez l'imaginer. Ceux
qui vivent du travail de nos manufactures,
& qui ont toujours mené une vie sage,
frugale, & économe, ne peuvent pas être
considérés comme de véritables pauvres,
& il y en a très-peu parmi eux qui soient
dans l'indigence. Je vous ai fait voir

précédemment que, même dans les temps de difette, un bon ouvrier peut mettre en réferve une partie du fruit de fon travail; & je pourrois vous citer, pour vous en convaincre, l'exemple d'un ouvrier de ma connoiffance, qui a épargné, dans l'efpace d'environ vingt ans, près de 500 livres fterling. Il eft impoffible que plufieurs autres ouvriers, également fages & laborieux, n'aient pareillement mis en réferve une partie de ce qu'ils ont gagné pendant une longue fuite d'années. Les uns auront épargné 300 livres, les autres 200 livres, & enfin un plus grand nombre encore des fommes moins confidérables. Mais je veux bien fuppofer, contre l'expérience journaliere, que les ouvriers ne puiffent retirer de leur travail que ce qui eft indifpenfable pour fatisfaire aux befoins de la vie, & fe procurer les agréments & les douceurs dont leur condition eft fufceptible. Le préjudice qu'ils fouffriroient de la cherté des denrées, ne feroit jamais une raifon fuffifante pour s'oppofer aux avantages immenfes, que procureroit à l'Etat le travail forcé & affidu de tous les ouvriers.

Je ferois très-fâché que mes obfervations fur la valeur des denrées & le prix de la main-d'œuvre, me fiffent paffer dans votre efprit pour un cœur dur & inhumain, infenfible aux malheurs des pauvres, & qui cherche même à les augmenter encore. Je n'ai eu en vue dans cette Lettre que le bonheur de tous nos ouvriers, ou du moins du plus grand nombre. La claſſe induſtrieuſe du peuple eſt ſans contredit la partie de la ſociété la plus utile, & même la ſeule néceſſaire. En effet, le nombre de ceux qui la compoſent détermine principalement la force, les richeſſes, & la puiſſance des Etats commerçants. Je deſire plus que perſonne qu'un travail aſſidu procure à nos ouvriers, non ſeulement les néceſſités de la vie, mais encore les douceurs & les commodités conformes à leur état & à leur condition; je fais auſſi les vœux les plus ſinceres pour qu'ils ne ſoient pas abandonnés à eux-mêmes, & que le gouvernement leur donne des preuves d'une protection particuliere, lorſque l'âge, la maladie, ou autres malheurs ſemblables les mettent dans l'impuiſſance de travailler. Mais je ſuis convaincu que ſi conformément à la loi de Dieu, le peuple étoit contraint de travailler ſans interruption les ſix jours de la ſemaine, il ſeroit expoſé à moins de malheurs, & il les ſupporteroit plus facilement.

Si mes vœux étoient accomplis, la valeur des denrées, & de tous les autres beſoins de la vie, ſeroit toujours la même, & n'éprouveroit aucune variation. Elle me paroît préſentement aſſez

conſidérable,

confidérable, pour que les ouvriers foient
forcés à ne perdre aucun jour de la femaine;
& quoiqu'ils retirent cependant de leur
travail une récompenfe proportionnée à la
condition dans laquelle la Providence les
a fait naître. L'inclination naturelle du
peuple pour l'oifiveté , la diffipation & la
débauche , donneront fans doute à mes
réflexions , & à ma façon de penfer , une
apparence de dureté , & peut-être même
d'inhumanité ; mais je l'abandonnerai
auffi-tôt qu'une induftrie générale fera
répandue dans toute la nation , & que la
débauche & l'oifiveté feront entiérement
bannies de toutes les claffes du peuple.
Je me réjouirai alors de l'abondance & du
peu de valeur des denrées : mais l'expérience de toutes les nations eft une preuve
convaincante que le travail eft fubordonné
à la néceffité , & que le peuple ne s'y
livre que lorfqu'il y eft contraint.

La grande quantité de marchandifes
que doit produire l'induftrie générale de
la nation, fera peut-être confidérée comme
un mal réel par quelques perfonnes, perfuadées que leur trop grande multiplicité
peut en empêcher la vente & le débit dans
les pays étrangers. Mais je foutiens au
contraire que l'effet de l'induftrie générale
étant de baiffer le prix de la main-d'œuvre,
& de perfectionner nos manufactures, il
en réfultera néceffairement une plus grande

S

consommation de nos marchandises dans les pays étrangers ; ce qui diminuera nécessairement le nombre de nos concurrents, & procurera à nos manufacturiers & à nos fabricants une vente plus prompte & plus répétée qu'ils ne l'ont éprouvé jusqu'à présent. Car non seulement les nations étrangeres s'empresseront d'acheter nos étoffes & nos marchandises ; mais nous en trouverons un débit facile dans nos Colonies d'Amérique, où la population, suivant que l'observe le judicieux Docteur Francklyn, fait de si grands progrès, que dans peu de temps nous serons dans l'impuissance de leur fournir toutes les marchandises dont elles ont besoin. D'ailleurs le peuple, continuellement occupé, retireroit de son travail plus de profit qu'il ne lui en procure présentement ; il seroit par conséquent plus en état de consommer nos marchandises, & de jouir d'un grand nombre de commodités qui contribuent au bonheur de la vie ; le temps enfin, dont la perte est irréparable, seroit entiérement employé ; avantage d'autant plus grand, que les jours passés dans l'oisiveté & dans la débauche causent bien plus de préjudice aux ouvriers, que toutes les taxes dont le poids paroît les accabler. *Admirable industrie ! source féconde de tous nos biens, c'est par tes seuls bienfaits que nous pouvons espérer de voir le peuple heu-*

reux, les richesses des particuliers s'accroître,
le nombre de nos vaisseaux s'augmenter, &
notre marine militaire se rendre plus redou-
table. Nous ne pouvons être puissants sur
mer que par un commerce très-étendu ; &
sans une marine puissante, il nous sera
impossible de conserver nos colonies, &
de résister aux projets ambitieux de deux
nations autrefois ennemies & rivales, qui
ne se sont liées entre elles que pour nous
en enlever la possession. L'Angleterre, dans
cet état de force & de vigueur, ne seroit
pas exposée aux événements malheureux
de la guerre, & ne déposera les armes,
que pour faire une paix également sûre &
honorable. Si nous avions été dans cette
heureuse position, les Ministres n'auroient
pas été forcés de terminer la derniere
guerre par une paix déshonorante, & que
l'ambition de nos voisins doit nous faire
regarder comme ne pouvant être de longue
durée.

Toutes les fois qu'il a été nécessaire
d'établir de nouvelles impositions, ou
d'augmenter les anciennes, la crainte que
la liberté ne pût subsister avec des impôts
trop considérables, a effrayé la plupart
des concitoyens, qui se sont servis de la
raison du commerce pour s'élever contre
les nouvelles taxes, & ont cherché à
accréditer sous ce prétexte le parti de *l'oppo-*
sition. Il est cependant démontré que lorf-

que les impôts ne sont pas excessifs, &
qu'ils sont répartis avec proportion &
égalité, ils sont favorables au commerce
intérieur & étranger, bien-loin de lui
être préjudiciable. Un négociant très-in-
telligent & ennemi déclaré de toute espèce
d'impôts, mais qui n'avoit jamais fait de
sérieuses réflexions sur la nécessité & les
effets résultants de ces impositions, a été
contraint, il y a quelque temps, de se rendre
à la force de mes raisonnements, & de
convenir avec moi que l'entiere suppression
de toutes les taxes & de tous les impôts,
entraîneroit la ruine du Royaume & du
commerce. Il faut avoir de l'esprit, ne
pas être attaché à ses préjugés, se rendre
à la vérité, lorsqu'elle est présentée, &
discuter de bonne foi pour se rendre à une
opinion si éloignée de la maniere de penser
ordinaire, & il est rare que toutes ces
qualités soient réunies dans la même personne. Cette matiere d'ailleurs surpasse la
portée des esprits ordinaires, parce qu'elle
est compliquée par elle-même, & qu'elle
dépend d'un grand nombre de faits dont
peu de personnes sont instruites.

Les changemens survenus depuis trois
siecles dans le commerce, & la culture des
terres, exigent nécessairement que le Gouvernement suive présentement des principes
d'administration bien différents de ceux
que nos ancêtres avoient adoptés. J'avoue

cependant que fans de profondes réflexions,
il eft difficile de fe perfuader que les impofitions perçues fur les denrées de premiere néceffité, ne faffent aucun préjudice
à notre commerce, qu'elles contribuent
même à fes progrès, & qu'il fût moins
étendu & moins confidérable, fi ces mêmes
impofitions étoient fupprimées.

On peut fuppofer, comme un fait vraifemblable que tous les impôts levés fur les
denrées de néceffité, n'augmentent la dé-
pente des pauvres que de deux fols par
jour ; enforte que fi ces impôts étoient
fupprimés, les pauvres pourroient effectivement fe procurer la même quantité de
denrées, & épargner fur leur dépenfe cette
modique fomme ; mais les pauvres peuvent
réparer cet excédent de dépenfe, en travaillant une heure de plus par jour, s'ils
y font contraints par les impofitions. Une
heure de plus employée tous les jours au
travail, les dédommagera de la cherté des
denrées, & des commodités dont ils ont
befoin. Cette légere augmentation de
travail, bien-loin de pouvoir être regardée
comme un malheur pour le peuple, lui
eft au contraire avantageufe ; mais quand
même ce feroit un malheur pour lui, il
n'eft pas affez grand pour juftifier les
clameurs & les plaintes qui fe font élevées
dans ce Royaume, toutes les fois que les
circonftances l'ont forcé d'augmenter les
impôts. S iij

Personne n'ignore que le peuple consomme une quantité très-considérable de
denrées & de marchandises de luxe, telles
que l'eau-de-vie, le thé, le sucre, le
tabac, les fruits étrangers, la biere forte,
les toiles peintes, &c, preuve certaine
que les impositions ne privent pas les
pauvres des nécessités de la vie, puisqu'il
ne se refuse pas même ce qui n'est que
superflu, & que par conséquent il n'est pas
nécessaire d'augmenter le prix de la main-
d'œuvre, toutes les fois que l'Etat est obligé d'imposer de nouveaux droits.

J'ai connoissance que dans une petite
ville qui contient 3000 habitants, dont la
plupart sont Manufacturiers, il s'y consomme tous les ans plus de 2000 muids de
Biere forte, indépendamment d'une grande quantité d'eau-de-vie; preuve évidente
que les ouvriers établis dans cette ville
retirent de leur travail un profit beaucoup
plus considérable que ne l'exigent les simples besoins de la vie, & que ce ne sont
pas les impositions qui ont augmenté les
frais de nos Manufacturiers. La passion de
nos ouvriers pour les denrées de luxe seroit
un avantage réel pour l'Etat, si elle augmen-
toit leur industrie, & les rendoit plus
actifs & plus laborieux. Le commerce en
recevroit des accroissements, la culture des
terres en seroit améliorée, toutes les classes
du peuple feroient alors plus de consom-

mation , & les ouvriers s'acquitteroient sans peine de leurs impositions ; mais il n'en est pas de même de l'augmentation du prix de la main-d'œuvre ; elle ne peut qu'engendrer l'oisiveté & la débauche ; & la perte d'une heure de travail dans la journée ; cause un préjudice énorme à un Etat commerçant.

Les marchandises de France auront toujours la préférence sur les nôtres chez les étrangers dans le cas même où toutes nos taxes & nos impositions seroient supprimées. Cet avantage , que les François ont sur nous , doit être attribué à la différence de la valeur des monnoies qui ont cours dans les deux Royaumes , & qui sont basses en Angleterre , tandis qu'elles sont hautes en France. Il me sera peut-être difficile de vous faire comprendre ce raisonnemment ; mais je vais vous l'expliquer le plus clairement qu'il me sera possible.

La valeur de nos monnoies a été fixée d'une maniere invariable en 1613, & depuis cet espace de temps, le Gouvernement n'y a fait aucun changement. Les Rois de France ont adopté des principes entiérement opposés, & depuis 1613, la valeur des monnoies a été successivement augmentée dans ce Royaume, ce qui a nécessairement changé la proportion qui existoit autrefois entre l'argent & les marchandises. L'argent peut être considéré comme une matiere qui représente

tous les échanges possibles , & sa valeur
regle celle de toutes les denrées & de tout
ce qui peut faire un objet de commerce.
Les François sont parvenus , par le haussement de la valeur des monnoies , à ne
donner exactement pour la journée d'un
ouvrier , que la moitié de la somme qu'ils
lui payoient il y a 150 ans. En effet , un
marc d'argent fin monnoyé ne valoit en
France que 18 livres , au commencement
du dernier siecle , & la même quantité
de métal & du même titre y vaut présentement 54 livres six sols ; un ouvrier François ne reçoit pas cependant aujourd'hui
plus de *sols* pour le travail de sa journée ,
que n'en recevoient les ouvriers de la
même profession avant l'augmentation de
la valeur de l'argent (*). Il résulte de la

(*). Le marc d'argent fin
monnoyé valoit en France en
1613, 22 liv. ainsi qu'on peut le
voir dans l'*Essai sur les Monnoies*, par M. Dupré de Saint-
Maur , imprimé en 1746.
L'Auteur Anglois se trompe
évidemment , lorsqu'il assure
que les ouvriers François ne
reçoivent présentement pour
prix de leur travail , que la
même valeur numéraire qui
leur étoit payée en 1613. Il est
certain qu'on leur donne aujourd'hui plus de *sols* pour le
même travail , & qu'une journée d'ouvrier payée 10 sols
il y a 100 ans , l'est présentement 15. L'ouvrage de
M. Dupré , déjà cité , en
fournit un grand nombre de
preuves ; mais quoique l'Auteur de la Lettre se soit
trompé , en assurant que le
prix de la main-d'œuvre n'ait
pas augmenté en France depuis 150 ans , il est certain
que cette augmentation n'est
pas proportionnée à celle des
monnoies , & qu'il en résulte
un avantage en faveur de la
France , où le prix de la main-
d'œuvre est réellement diminué depuis 1613. La diminution du prix de la main-
d'œuvre en France me paroît
devoir être attribuée à la diminution réelle de la valeur
du bled. M Dupré de Saint-
Maur a inséré dans son ouvrage

différence d'adminiftration dans les deux
Gouvernements, que le prix de la main-
d'œuvre eft diminué en France, tandis
qu'il eft refté le même en Angleterre. La
diminution de la valeur de l'argent en
France, & le bas prix des denrées de premiere néceffité, eft la vraie caufe de la
préférence que les François ont acquife
fur nous, pour la vente de leurs marchandifes dans le Levant, en Italie, & en
Efpagne. Ils joignent à tous ces avantages
celui d'être particuliérement protégés en
Efpagne par un Prince de la Maifon de
Bourbon, qui y a été maintenu par le

une Table qui contient le prix
commun du bled, mefure de
Paris, vendu à Rofoy en Brie,
depuis 1596, jufqu'en 1746,
& il a divifé cet efpace de
temps par des intervalles égaux
de dix ans chacun. On voit
par cette table que depuis
1646, jufqu'en 1666, le
feptier de bled, mefure de
Paris, a valu, année com-
mune, au marché de Rofoy,
17 liv. 7 f. 6 d., & depuis
1726, jufqu'en 1746, 17 liv.
7 fols 4 den. La valeur numéraire du bled dans ces deux
époques eft par conféquent la
même, quoiqu'il y ait une
très-grande différence dans la
valeur réelle des monnoies.
Le marc d'argent fin monnoyé
n'a valu depuis 1646, jufqu'en
1666, que 28 liv. 13 f. 8 d.
& il a toujours été de 54 liv.
6 fols 6 d. depuis 1726. Un
marc d'argent dans la derniere
époque, a fuffi pour acheter
trois feptiers de bled, au lieu
que dans la premiere, il ne
fuffifoit pas pour en acheter
deux. Il réfulte de cette obfervation la conféquence néceffaire que l'ouvrier qui tire
préfentement du produit de
fon travail la valeur d'un marc
d'argent fin, fe procure plus
de bled, que n'en pouvoit
acheter il y a cent ans l'ouvrier
de la même profeffion, qui
tiroit également un marc d'argent fin du produit de fon
travail. Si la diminution du
prix de la main-d'œuvre provient en France de celle de
la valeur du bled, il faut donc
rejetter tous les principes établis par l'Auteur de la Lettre,
pour foutenir que la grande
valeur des denrées contribue
à l'accroiffement du commerce
& de l'induftrie.

Traité d'Utrecht, auffi funefte à notre commerce, que déshonorant pour nous. Il eft fort à craindre que les François, quoiqu'ils foient affujettis à des impofitions plus onéreufes que celles qui font établies en Angleterre, ne parviennent à nous fupplanter fucceffivement dans les autres pays de l'Europe ; & qu'ils ne vendent par-tout leurs marchandifes à meilleur marché que les nôtres. Le Gouvernement ne peut prévenir ce malheur, qu'en cherchant les moyens d'animer le travail & l'induftrie, & en nous procurant quelques avantages qui puiffent compenfer ceux dont les François ont le bonheur de jouir.

Je finis cette Lettre par quelques réflexions fur la valeur actuelle du bled. Les ouvriers fe plaignent de ce qu'il eft trop cher, ce qu'ils attribuent à l'exportation que le Gouvernement encourage par des gratifications, & ils defireroient que par une loi nouvelle toute exportation de bled fût défendue. Il me paroît au contraire, que la liberté abfolue dans le Commerce des grains eft extrêmement avantageufe à tout Etat commerçant ; que l'exportation y attire une partie des richeffes des Nations voifines, & que lorfque le bled eft monté au prix où toute gratification doit ceffer, fa valeur n'eft pas alors affez confidérable pour faire fentir au Peuple les incommodités de la Difette , & pour l'autorifer à augmenter le prix de la main-d'œuvre.

L'Auteur de l'*Apologie du Commerce &
des Arts* dit que le préfervatif le plus certain contre les difettes, que les mauvaifes récoltes peuvent occafionner , eft de permettre la fortie des grains , & d'en faire un objet de commerce. Pour le prouver il obferve que lorfqu'une Nation exporte dans les années d'une récolte commune & ordinaire le tiers de fes productions, l'intempérie des Saifons peut diminuer la récolte d'un tiers fans que le Peuple foit expofé à la cherté & à la difette, parce qu'alors le Gouvernement peut défendre toute exportation dans les pays étrangers, & conferver par conféquent dans l'intérieur de l'Etat la même quantité de grains qui s'y confomme dans les années d'abondance.

Les plaintes dont le Royaume retentit préfentement fur la cherté du bled & des autres Denrées , me paroiffent n'avoir aucun fondement réel. En effet, M. Poflet-wayt a rapporté dans fon Dictionnaire à l'article *Grain* (*) le prix du Froment de-

(*) On peut vérifier dans l'article cité du Dictionnaire du Commerce de M. Poflet-wayt que le *quater* de Froment a été vendu à Londres, année commune, depuis 1646 jufqu'en 1666 2 l. 17 f. 9 d. & que depuis 1726 jufqu'en 1746, il n'a été vendu que 1 l. 18 f. 9 d. Il y a par conféquent une diminution confidérable dans la valeur du Bled en Angleterre , & cette denrée de première néceffité y a éprouvé la même révolution qu'en France. M. Dupré de S. Maur dans fon Effai fur les Monnoies, & l'Auteur du Traité de la Police des Grains font mention dans leurs Ouvrages de la diminution du prix du bled en Angleterre depuis 1646.

puis 1646 jufqu'en 1753, & il eſt aiſé de vérifier que depuis 20 ans la valeur du bled, dans les années les plus cheres, n'a pas excédé d'une moitié en ſus celle qu'il avoit il y a 120 ans. La France éprouve des variations bien plus grandes que les nôtres dans la valeur des grains. Les mauvaiſes récoltes y portent ſouvent la valeur du bled à un prix ſix fois plus fort que celui des années communes. (*) Le prix de la main-d'œuvre y eſt cependant d'un tiers moins cher qu'en Angleterre ; quoique cette inégalité dans la valeur de la Denrée de premiere néceſſité & la forme des impôts de ce pays duſſent y rendre plus difficile la ſubſiſtance des Habitants. On auroit donc tort d'attribuer à nos impoſitions & à la cherté des Denrées de néceſſité le trop haut prix de nos mar-

(*) L'auteur a travaillé ſur des Mémoires infideles. Quelque mauvaiſes qu'aient été les récoltes, le bled n'a jamais été en France ſix fois au deſſus de la valeur des années communes. On voit dans les tables inſérées dans l'Eſſai ſur les monnoies de M. Dupré de S. Maur, que le ſeptier de bled, meſure de Paris, a été vendu en 1694, 55 liv. 4 ſ. Le prix commun depuis 1696, juſqu'en 1706 a été de 16 liv. 12 ſ. Le même ſeptier de bled a été vendu en 1709 69 liv. 12. ſ. & le prix commun depuis 1706, juſqu'en 1716, a été de 22 liv. 1 ſ. Il a été vendu 43 l. 4. ſ. en 1726, & le prix commun, depuis 1726, juſqu'en 1736, eſt de 15. liv. 13 ſ. Enfin, il a été vendu en 1741, 52 l. 16 ſ. & le prix commun depuis 1736, juſqu'en 1746, eſt de 19 liv. Les années 1694, 1709, 1726 & 1741, ſont les plus malheureuſes que la France ait éprouvées depuis un ſiecle, par rapport à ſes récoltes ; il s'en faut cependant beaucoup que le bled ait dans ces mêmes années ſurpaſſé de ſix fois ſa valeur commune. Les années où la valeur du bled monte au double de ſon prix ordinaire n'arrivent que très-rarement en France, cependant on ne peut même ſe diſſimuler que dans ce cas le Peuple ne ſouffre beaucoup.

chandifes. Ce défavantage provient de quelques autres caufes parmi lefquelles l'oifiveté de notre peuple & fon goût pour les marchandifes de luxe doivent tenir le premier rang.

La valeur actuelle du bled fait craindre à quelques perfonnes que nos pauvres ne foient réduits à l'impoffibilité de fubfifter, & ne foient par conféquent forcés d'abandonner le Royaume pour fe refugier dans les pays étrangers ; cette frayeur eft abfolument déraifonnable & chimérique, & ceux qui en paroiffent les plus frappés, & dont les difcours ne femblent refpirer que l'humanité & la bienfaifance, ont fans doute quelqu'autre motif, lorfqu'ils exagérent les malheurs du peuple. L'Angleterre eft préfentement le pays de l'Europe où le Peuple peut fe procurer à meilleur marché toutes les néceffités de la vie. C'eft-à-dire, que la valeur des Denrées & le prix de la main-d'œuvre font proportionnés de maniere qu'un ouvrier occupé dans les Manufactures d'Angleterre, & qui travaille huit heures par jour peut fe procurer par le produit de fon travail plus de Denrées que ne le peut faire dans tout autre pays un ouvrier de la même profeffion, en travaillant le même efpace de temps. Tous ceux qui ont connoiffance des Fabriques étrangeres conviendront de cette vérité, & la conféquence néceffaire qui en réfulte, eft que nos ouvriers n'ont aucun motif qui puisse les engager à quitter leur pays natal. Il est d'ailleurs à propos d'observer que la valeur des Denrées que tout le monde estime être trop considérable & qui excite des plaintes générales, est fort inférieure au prix commun où ces mêmes Denrées étoient portées à la fin du regne d'Elisabeth & du temps de Charles I. Le prix de la main-d'œuvre étoit cependant pour lors plus considérable qu'il ne l'est présentement. Cette observation est suffisante pour faire cesser les plaintes continuelles qu'on fait sur la cherté des Denrées & sur la pauvreté des ouvriers, qu'on représente comme hors d'état de se procurer les besoins les plus pressants. Je ne puis m'empêcher de penser que ces plaintes sont principalement entretenues par les propriétaires des terres d'Irlande, qui desireroient obtenir la libre exportation des Denrées de leur pays pour augmenter leurs revenus; mais les plaintes de nos Négociants, sont si directement opposées à leur intérêt particulier & à celui du Commerce général de la Nation, qu'elles me font soupçonner un motif secret. Toutes les différentes remontrances présentées au Parlement sous le nom des Ouvriers qui se plaignent de manquer d'ouvrage, & d'être réduits à la plus extrême indigence, n'ont sans doute pour motif que d'exciter la pitié des Législateurs, & de les engager à publier la prohibition la plus absolue de toutes les Etoffes de foie fabriquées dans les pays étrangers.

Quoique les papiers publics aient annoncé que la derniere foufcription faite en faveur des pauvres ait procuré la fubfiftance à près de 3000 ouvriers de la ville de Londres, il eft cependant certain que le nombre des ouvriers fans ouvrage ne monte pas à 1500, & que le plus grand nombre d'entre eux n'eft fans occupation, que parce qu'ayant gagné pendant quelquetemps depuis 20 jufqu'à 31 Schellings par femaine dans la manufacture de *Gaze*, ils exigent des autres Manufacturiers & Fabricants, des fommes auffi confidérables. Ces ouvriers font d'autant plus repréhenfibles qu'à l'exception de la manufacture de Gaze, toutes les autres fabriques manquent d'ouvriers, & que les maîtres ne peuvent fournir la quantité de marchandifes qui leur eft demandée. Je ne prétends pas blâmer les foufcriptions qui font ouvertes en faveur des pauvres & des ouvriers; mais je crois pouvoir dire qu'il eft plus avantageux à la fociété & aux ouvriers eux-mêmes, de payer à ces derniers un Schelling pour la récompenfe du travail d'une journée, que de leur diftribuer la même fomme à titre de charité & fans exiger aucun travail. La charité eft une vertu fans doute, mais elle doit être accompagnée de prudence, & avoir la raifon pour guide, & l'on ne doit pas

la faire servir à encourager l'oisiveté, la
paresse, & la débauche, car alors elle ces-
seroit d'être une vertu, & deviendroit préjudiciable à la société.

Je crains de vous avoir fatigué par une
Lettre beaucoup trop longue. Je la finis en
vous desirant des jours assez longs pour que
vous puissiez voir établir dans ce Royaume
un système raisonnable de commerce.

Je suis, &c.

P. S. Vous n'ignorez pas que le Gouvernement a voulu quelquefois profiter
des années d'abondance, & du bas prix des
Denrées nécessaires à la vie pour diminuer
celui de la main-d'œuvre; mais vous savez
également les excès auxquels se sont portés
alors les ouvriers; & qu'ils se sont ligués
dans toutes les parties du Royaume, pour
maintenir, ainsi qu'ils le disent eux-mêmes,
l'ancien prix du travail. Puisque le Peuple est déterminé, en quelque circonstance
que ce puisse être, à ne rien diminuer du
prix de sa main-d'œuvre, le Royaume ne
retireroit aucun avantage d'une diminution dans la valeur des Denrées. Les Loix
de Commerce & de Politique ne peuvent
empêcher l'effet des causes morales; &
pour parler le langage de quelques Théologiens, les Législateurs ne peuvent les employer en beaucoup d'occasions sans paroître vouloir agir contre les décrets de la
Providence.

F I N.

APPROBATION.

J'AI LU, par ordre de Monseigneur le Vice-Chancelier, un Manuscrit intitulé : *Essais sur le Commerce, le Luxe, l'Argent, l'Intérêt de l'Argent, les Impôts, le Crédit ublic, & la Balance du Commerce*; & il n'y a rien qui puisse en empêcher l'impression; à Lyon ce 31 Octobre 1766.

Signé, PULIGNIEU.

PRIVILÉGE DU ROI.

LOUIS, PAR LA GRACE DE DIEU, ROI DE FRANCE ET DE NAVARRE : A nos amés & féaux Conseillers, les Gens tenant nos Cours de Parlement, Maîtres des Requêtes ordinaires de notre Hôtel, Grand-Conseil, Prévôt de Paris, Baillifs, Sénéchaux, leurs Lieutenants Civils, & autres nos Justiciers qu'il appartiendra, SALUT. Notre amé le sieur de la ROCHE, Libraire à Lyon, Nous a fait exposer qu'il desireroit faire imprimer & donner au Public des Ouvrages qui ont pour titre : *Essais sur le Commerce, le Luxe, l'Argent, l'intérêt de l'Argent, les Impôt, le Crédit public, la Balance du Commerce; par M. DAVID HUME; Traduction nouvelle, avec des Réflexions du Traducteur; & une Lettre d'un Négociant de Londres à un de ses Amis, &c. La Journée du Chrétien sanctifiée par la Prière & la Méditation. Heures nouvelles, ou Priè-*

res choifies , pour rendre la Journée fainte. S'il Nou
plaifoit lui accorder nos Lettres de Priviléges pou
ce néceffaires. A ces causes, voulant favorable
ment traiter l'expofant, Nous lui avons permis &
permettons par ces Préfentes, de faire imprime
lefdits Ouvrages autant de fois que bon lui fem-
blera, & de le vendre, faire vendre & débiter
par tout notre Royaume pendant le tems de *fix*
années confécutives, à compter du jour de la date
des Préfentes. Faifons défenfes à tous Imprimeurs
& Libraires, & autres perfonnes, de quelque qualité & condition qu'elles foient, d'en introduire
d'impreffions étrangeres dans aucun lieu de notre
obéiffance, comme auffi d'imprimer ou faire imprimer, vendre, faire vendre, débiter ni contrefaire
lefdits Ouvrage, ni d'en faire aucun extrait, fous
quelque prétexte que ce puiffe être, fans la permiffion expreffe, & par écrit, dudit Expofant ou
de ceux qui auront droit de lui, à peine de confif-
cation des Exemplaires contrefaits, de trois mille
livres d'amende contre chacun des contrevenants,
dont un tiers à Nous, un tiers à l'Hôtel-Dieu de
Paris, & l'autre tiers audit Expofant ou à celui
qui aura droit de lui, & de tous dépens, domma-
ges & intérêts ; à la charge que ces Préfentes feront
enregiftrées tout au long fur le Regiftre de la Com-
munauté des Imprimeurs & Libraires de Paris,
dans trois mois de la date d'icelles ; que l'impreffion
dudit Ouvrage fera faite dans notre Royaume, &
non ailleurs, en bon papier & beaux caracteres,
conformément aux Réglemens de la Librairie, &
notamment à celui du 10 Avril mil fept cent vingt-
cinq ; à peine de déchéance dudit Privilége, qu'avant
de les expofer en vente, les Manufcrits qui auront
fervi de copie à l'impreffion defdits Ouvrages feront remis dans le même état où l'approbation y
aura été donnée, ès mains de notre très-cher & féal
Chevalier Chancelier de France, le fieur DE LA-
MOIGNON, & qu'il en fera enfuite remis deux
Exemplaires de chacun dans notre Bibliothéque
publique, un dans celle de notre Château du Lou-

vre, un dans celle dudit Sieur DE LAMOIGNON ;
& un dans celle de notre très-cher & féal
Chevalier Vice-Chancelier & Garde des Sceaux de
France le Sieur DE MAUPEOU, le tout à peine de
nullité des Préfentes; du contenu defquelles vous
mandons & enjoignons de faire jouir ledit Expo-
faht & fes ayam caufes pleinement & paifiblement,
fans fouffrir qu'il leur foit fait aucun trouble ou
empêchement. Voulons que la copie des préfentes,
qui fera imprimée tout au long au commencement
ou à la fin dudit Ouvrage foit tenue pour duement
fignifiée, & qu'aux copies collationnées par l'un
de nos amés & féaux Confeillers Secrétaires foi
foit ajoutée comme à l'original. Commandons au
premier notre Huiflier ou Sergent fur ce requis de
faire pour l'exécution d'icelles tous actes requis &
néceffaires, fans demander autre permiffion, &
nonobftant clameur de Haro, Charte Normande,
& Lettres à ce contraires. Car tel eft notre plaifir. DONNÉ à Verfailles le trente-uniéme jour du
mois de Décembre, l'an de grace mil fept-cent foi-
xante-fix, & de notre Regne le cinquante-deuxiéme.
Par le Roi en fon Confeil.

Signé, LE BEGUE.

Regiftré fur le Regiftre XVII de la Chambre
Royale & Syndicale des Libraires & Imprimeurs
de Paris, N° 1231, fol. 175, conformément au Ré-
glement de 1723. A Paris, ce 12 Mars 1767.

Signé, GANEAU, Syndic.

ERRATA.

Page 90, *ligne* 6, au moins, *lisez* au moyen.

Page 146, *ligne* 18, tous ces, *lisez* tous les.

Page 148, *ligne* 15, pourroit, *lisez* pouvoit.

Page 159, *ligne* 20, les espaces, *lisez* les especes.

Page 176, *ligne* 11, les sources, *lisez* les forces.

Page 195, *ligne* 3, masse partie, *effacez* partie.

Page 201, *ligne* 23, quoiqu'il, *lisez* & il.

Page 124, *ligne* 23, sur le genre, *lisez* sur le génie.